四特 教育系列丛书 SITEJIAOYUXILIECONGSHU

场面写作指导

萧 枫　姜忠喆◎主编

特约主编：　庄文中　龚　玲

主　　编：　萧　枫　姜忠喆

编　　委：　孟迎红　郑晶华　李　菁　王晶晶　金　燕

刘立伟　李大宇　赵志艳　王　冲

王锦华　王淑萍　朱丽娟　刘　爽

陈元慧　王　平　张丽红　张　锐

侯秋燕　齐淑华　韩俊范　冯健男

张顺利　吴　姗　穆洪泽

左玉河　李书源　李长胜　温　超

范淑清　任　伟　张寄忠　高亚南

王钱理　李　彤

吉林出版集团有限责任公司

图书在版编目(CIP)数据

场面写作指导/《"四特"教育系列丛书》编委会
编著 . – – 长春：吉林出版集团有限责任公司, 2012.4
("四特"教育系列丛书 / 庄文中等主编 . 学生阅
读与作文方法指导)
ISBN 978 – 7 – 5463 – 8699 – 7

Ⅰ . ①场… Ⅱ . ①四… Ⅲ . ①作文课 – 中小学 – 教学
参考资料 Ⅳ . ①G634. 343

中国版本图书馆 CIP 数据核字(2012)第 043993 号

场面写作指导

责任编辑	孟迎红　蔡宏浩	
责任校对	赵　霞	
开　本	690mm×960mm　1/16	
字　数	250 千字	
印　张	13	
版　次	2012 年 4 月第 1 版	
印　次	2018 年 2 月第 1 版第 2 次印刷	
出　版	吉林出版集团股份有限公司	
发　行	吉林音像出版社有限责任公司	
	吉林北方卡通漫画有限责任公司	
地　址	长春市泰来街 1825 号	
	邮　编：130062	
电　话	总编办：0431 – 86012906	
	发行科：0431 – 86012770	
印　刷	北京龙跃印务有限公司	

ISBN 978 – 7 – 5463 – 8699 – 7　　　　　　定价：39.80元

前　言

　　学校教育是人一生中所受教育最重要组成部分,个人在学校里接受计划性的指导,系统地学习文化知识、社会规范、道德准则和价值观念。学校教育从某种意义上讲,决定着个人社会化的水平和性质,是个体社会化的重要基地。知识经济时代要求社会尊师重教,学校教育越来越受重视,在社会中起到举足轻重的作用。

　　“四特教育系列丛书”以“特定对象、特别对待、特殊方法、特例分析”为宗旨,立足学校教育与管理,理论结合实践,集多位教育界专家、学者以及一线校长、老师们的教育成果与经验于一体,围绕困扰学校、领导、教师、学生的教育难题,集思广益,多方借鉴,力求全面彻底解决。

　　本辑为“四特教育系列丛书”之《学生阅读与作文方法指导》。

　　阅读能力被著名教育家苏霍姆林斯基称之为学习技能的五把刀子之一,它不仅是语文学习能力的主要构成因素,也是训练学生的表达能力的重要途径,还是一切智力活动的基础。因此,有效阅读一直就是语文教学的核心,要提高语文能力,提升语文素养,必须加强有效阅读。

　　作文是人们交流思想和社会交际的重要工具。生活在现实社会里,无论你从事什么行业,都离不开写作,写作是人类生活的基本工具,是每一个社会成员搞好各项工作必须应具备的一种起码素质。本书从肖像、语言、行动、心理、场面、景物、静态、状物、抒情和话题等方面,为广大青少年提供了实际指导和范文阅读,使大家不仅可以学到作文的知识,还能感受到好词好句好段中所蕴含的优美意境,能够受到精神的陶冶。

　　本辑共20分册,具体内容如下:

　　1.《肖像描写阅读指导》

　　肖像描写即描绘人物的面貌特征,它包括人物的身材、容貌、服饰、打扮以及表情、仪态、风度、习惯性特点等。肖像描写的目的是以“形”传“神”,刻画人物的性格特征,反映人物的内心世界。描是描绘,写是摹写。描写就是用生动形象的语言,把人物或景物的状态具体地描绘出来。这是一般记叙文和文学写作常用的表达方法。本书针对学生如何高效阅读肖像描写类文章进行了系统而深入的分析和探讨,并给予了切实的指导,对中小学生颇有启发意义。

　　2.《语言描写阅读指导》

　　语言描写是塑造人物形象的重要手段。成功的语言描写总是鲜明地展示人物的性格,生动地表现人物的思想感情,深刻地反映人物的内心世界,使读者“如闻其声,如见其人”,获得深刻的印象。本书针对学生如何高效阅读语言描写类文章进行了系统而深入的分析和探讨,并给予了切实的指导,对中小学生颇有启发意义。

　　3.《行动描写阅读指导》

　　行动描写是刻画人物的手法之一,是塑造人物的主要手段。行动是人物思想性格的直接表现,因此,人物的行动描写就要善于抓住人物具有特征性的动作,从而展示人物的精神面貌,反映人物的性格特征,塑造出个性鲜明的人物形象。本书针对学生如何高效阅读行动描写类文章进行了系统而深入的分析和探讨,并给予了切实的指导,对中小学生颇有启发意义。

4.《心理描写阅读指导》

心理描写是指在文章中,对人物在一定的环境中的心理状态、精神面貌和内心活动进行的描写。是作文中表现人物性格品质的一种方法。最常用的是描写人物的内心独白,写出人物的所思所想,让人物一无遮掩地吐露自己的心声,说出他的欢乐和悲伤、矛盾和愁郁、忧虑和希望,使读者穿透人物外表,看到人物的内心世界。本书针对学生如何高效阅读心理描写类文章进行了系统而深入的分析和探讨,并给予了切实的指导,对中小学生颇有启发意义。

5.《场面描写阅读指导》

场面描写,就是对一个特定的时间与地点内许多人物活动的总体情况的描写。它往往是叙述、描写、抒情等表述方法的综合运用,是自然景色、社会环境、人物活动等描写对象的集中表现。场面描写要表现出一种特定的气氛要综合运用记叙、描写、抒情、议论等表达手段,以及映衬、象征等多种手法,这样才能使场面变成一幅生动而充满感染力的图画。本书针对学生如何高效阅读场面描写类文章进行了系统而深入的分析和探讨,并给予了切实的指导,对中小学生颇有启发意义。

6.《景物描写阅读指导》

景物描写,是指对自然环境和社会环境中的风景、物体的描写。景物描写主要是为了显示人物活动的环境,使读者身临其境。本书针对学生如何高效阅读景物描写类文章进行了系统而深入的分析和探讨,并给予了切实的指导,对中小学生颇有启发意义。本书不仅提供了学生有效阅读同范文,还提供了相应的阅读把握方法等,具有很强的系统性、实用性、实践性和指导性。

7.《风俗描写阅读指导》

风俗习惯指个人或集体的传统风尚、礼节、习性。是特定社会文化区域内历代人们共同遵守的行为模式或规范。风俗由于一种历史形成的,它对社会成员有一种非常强烈的行为制约作用。风俗描写主要包括民族风俗、节日习俗、传统礼仪等等。本书针对学生如何高效阅读风俗描写类文章进行了系统而深入的分析和探讨,并给予了切实的指导,对中小学生颇有启发意义。

8.《记叙文阅读指导》

阅读记叙文必须注意把握文章的基本要素,理清记叙的顺序以及线索,准确理解记叙中的描写议论和抒情。只有这样,才能从整体上全面把握记叙文的内容,理解作者的写作意图和文章所反映的中心思想。本书针对学生如何高效阅读记叙文进行了系统而深入的分析和探讨,并给予了切实的指导,对中小学生颇有启发意义。

9.《抒情散文阅读指导》

抒情散文主要是抒发作者对现实生活的感受、激情和意愿。抒情散文抒发的是怎样的感情,如何抒发,都与文章揭示的思想意义是否深广有极大的关系。本书针对学生如何高效阅读抒情散文进行了系统而深入的分析和探讨,并给予了切实的指导,对中小学生颇有启发意义。本书不仅提供了学生有效阅读同范文,还提供了相应的阅读把握方法等,具有很强的系统性、实用性、实践性和指导性。

10.《话题性范文阅读指导》

话题性文章一般与学生的生活实际联系的最紧密,学生应该有话可写。但由于话题比较宽泛,要出采也不容易。写作的关键在于把话题转化,或化大为小,或化抽象为具体。本书针对学生如何高效阅读话题性文章进行了系统而深入的分析和探讨,并给予了切实的指导,对中小学生颇有启发意义。

11.《肖像写作指导》

肖像描写即描绘人物的面貌特征,它包括人物的身材、容貌、服饰、打扮以及表情、仪态、风度、习惯性特点等。肖像描写的目的是以"形"传"神",刻画人物的性格特征,反映人物的内心世界。描是描绘,写是摹写。描写就是用生动形象的语言,把人物或景物的状态具体地描绘出来。本书针对学生如何提高肖像描写类作文写作水平进行了系统而深入的分析和探讨,并给予了切实的指导,对中小学生颇有启发意义。

12.《语言写作指导》

语言描写是塑造人物形象的重要手段。成功的语言描写总是鲜明地展示人物的性格,生动地表现人物的思想感情,深刻地反映人物的内心世界,使读者"如闻其声,如见其人",获得深刻的印象。本书针对学生如何提高语言描写类作文写作水平进行了系统而深入的分析和探讨,并给予了切实的指导,对中小学生颇有启发意义。

13.《行动写作指导》

行动描写是刻画人物的手法之一,是塑造人物的主要手段。行动是人物思想性格的直接表现,因此,人物的行动描写就要善于抓住人物具有特征性的动作,从而展示人物的精神面貌,反映人物的性格特征,塑造出个性鲜明的人物形象。本书针对学生如何提高行动描写类作文写作水平进行了系统而深入的分析和探讨,并给予了切实的指导,对中小学生颇有启发意义。

14.《心理写作指导》

心理描写是指在文章中,对人物在一定的环境中的心理状态、精神面貌和内心活动进行的描写。是作文中表现人物性格品质的一种方法。最常用的是描写人物的内心独白,写出人物的所思所想,让人物一无遮掩地吐露自己的心声,说出他的欢乐和悲伤、矛盾和愁郁、忧虑和希望,使读者穿透人物外表,看到人物的内心世界。本书针对学生如何提高心理描写类作文写作水平进行了系统而深入的分析和探讨,并给予了切实的指导,对中小学生颇有启发意义。

15.《场面写作指导》

场面描写,就是对一个特定的时间与地点内许多人物活动的总体情况的描写。它往往是叙述、描写、抒情等表述方法的综合运用,是自然景色、社会环境、人物活动等描写对象的集中表现。场面描写要表现出一种特定的气氛要综合运用记叙、描写、抒情、议论等表达手段,以及映衬、象征等多种手法,这样才能使场面变成一幅生动而充满感染力的图画。本书针对学生如何提高场面描写类作文写作水平进行了系统而深入的分析和探讨,并给予了切实的指导,对中小学生颇有启发意义。

16.《景物写作指导》

景物描写,是指对自然环境和社会环境中的风景、物体的描写。景物描写主要是为了显示人物活动的环境,使读者身临其境。本书针对学生如何提高景物描写类作文写作水平进行了系统而深入的分析和探讨,并给予了切实的指导,对中小学生颇有启发意义。本书除了提供各种作文的方法外,还提供了大量的好词、好段、好句供广大学生作文时参考借鉴,因此具有很强的系统性、实用性、实践性和指导性。

17.《静态写作指导》

在写物的静态时,我们要尽量去发掘这一静物的动态。如果我们要状写这些不可能有动态的物,那么,我们要去发现他们的质感和有活力的部分。如果我们抓住这些来写,那么,那些静静躺在盘子里,平平睡在盒子里的东西也会生出许多引人的魅力来。总之,我们写物的静态时,要尽量找些鲜活的因素来描上几笔,而且,这几笔往往是最最传神的。本书针对学生如何提高静态描写类作文写作水平进行了系统而深入的分析和探讨,并给予了切实的指导,对中小学生颇有启发意义。

18.《状物写作指导》

状物类作文,以“物”为描述的中心和文章的线索,或寓情于物,或托物言志,融知识性与趣味性于一体,表达文章的题旨。这是学生喜闻乐见的一种写作形式。因此,加强状物类作文的指导,既是学生的一种心理需求,也是新的课程标准的目标之一。本书针对学生如何提高状物类作文写作水平进行了系统而深入的分析和探讨,并给予了切实的指导,对中小学生颇有启发意义。

19.《抒情写作指导》

写抒情散文,重在“情”字。一篇文章要打动读者的感情,作者首先要自己动感情,把感情融注到字里行间。作家魏巍说过:“写好一篇东西,能打动人心,就要把心捧给读者。”把心捧给读者,就是要吐真情,有真意,让情真意切的行文去感动读者。本书针对学生如何提高抒情散文写作水平进行了系统而深入的分析和探讨,并给予了切实的指导,对中小学生颇有启发意义。

20.《话题写作指导》

要想写好话题作文,除了审题命题外,要注意选择自己最熟悉的事情,用自己真实的感情,另外还要选择自己应用得最拿手的文体,需要注意的是,话题作文也要注意体裁的确定,虽然作文的要求是让你自由选择文体,但是你一旦选择了某种文体,就一定要体现这种文体的特点,切不可写成四不象的作文来。总之,话题作文的写作给了你发挥自己写作优势的天地,只要选择自己最擅长的去写,你就会取得不错的成绩。本书针对学生如何提高话题作文写作水平进行了系统而深入的分析和探讨,并给予了切实的指导,对中小学生颇有启发意义。

由于时间、经验的关系,本书在编写等方面,必定存在不足和错误之处,衷心希望各界读者、一线教师及教育界人士批评指正。

编者

目　录

第一章

场面写作指导

1. 什么叫场面描写

场面描写，就是对一个特定的时间与地点内许多人物活动的总体情况的描写。它往往是叙述、描写、抒情等表述方法的综合运用，是自然景色、社会环境、人物活动等描写对象的集中表现。常见的有劳动场面、战斗场面、运动场面以及各种会议场面等。

场面描写要表现出一种特定的气氛，单一的表达方式和写作手法是不够的，要综合运用记叙、描写、抒情、议论等表达手段，以及映衬、象征等多种手法，这样才能使场面变成一幅生动而充满感染力的图画。

2. 场面描写的重要性

场面描写就是描写在特定的场地上，在一定的时间内，人们各种各样的表现。是人物同人物在一定时间和环境中相互发生关系而构成的生活画面的描写，一般是对众多人物在一定时间和环境中的活动所构成的画面的描写。

它截取的是事件进行中的横断面。如一次讨论场景，有参与人，有场地，有发言者，有观众。要写讨论的场面，就要把参与者的表现，观众的反映都写出来。

场面描写要做到

有条不紊，主次明晰。选好角度，分别主次，既不能面面俱到，也不能只写一点不及其余；

既有全景的描述，也有细致的特写。要注意点面结合，既要简单地写出整个场面的全景，又要有选择地具体地描写主要人物的活动；

要写出特定场合的气氛。用多种方法创造出场景的气氛，才能感染读者。在场面描写中也要写人的神情、语言、心理等，以人物的活动为中心，只有这样才能构成一个生动的生活画面。

场面描写的作用

渲染气氛；

衬托或表现人物形象；

推动事件发展；

表达中心思想。

请看下面这篇《上课铃响以后》：

"叮铃铃……"上课铃响了。同学们静坐在教室内，等待老师的到来。教室里时而传来几声咳嗽声，时而传出班长的吼声："不准讲话!"呵，真威严!几声轻快的脚步声，"啪!"班长回位了。当然，老师也走进了教室。"就要像这样嘛!"老师看了挺满意。的确，今天的课堂纪律非常好。"上课!"……师生上课的见面话——互相打招呼，但很严肃。老师习惯地推了推眼镜，巡视了一会儿，脸上流露出满意的微笑。不久，校园里传出了有规律的读书声，非常悦耳。现在，同学们正寻求着知识，老师们正传授着知识。上课就是这样：轻松、愉快，但又是那么严肃。

简评：此文抓住上课铃响了以后这一特定时刻的场面来写，有学生的活动，也有老师的活动，有概括介绍，也有细腻刻画。

有一篇名叫《在阅览室里》的文章记叙了人们在阅览室里学习文化科学知识的一个故事，反映出人们为了振兴中华、建设祖国而发奋攻读的社会风气。

文章第二段详细描写了阅览室的场面，烘托了人们专心读书的气氛，为后文的主要情节的记叙做了环境铺垫：

刚走到阅览室的门口，一股热气就迎面扑来。踏进阅览室一瞧，嗬，人真多啊！坐的坐，站的站，还有挤来挤去找位子的、觅书报的……然而却静得出奇，只有日光灯发出"吱——"的声响。我不禁屏息静气，插身进去。

简评：如果没有这一段场面描写，不仅后文显得干瘪、突然，也使后文详写的典型事例显得孤立，失去了一定的代表性，淡化了主题。

运用鸟瞰加特写，点面结合，层次清楚。场面是人物活动的背景，是生活的画面，其作用在于渲染气氛，描写人物活动的具体环境。

描写比较复杂的场面应注意两点：一是要有中心，有层次；二是要点面结合，做到既有全场的鸟瞰，又有个别人或事的特写镜头。而我们的有些同学，却做不到这一点，他们往往是顾此失彼。

3. 场面描写的特点

场面描写就是在一定的时间和环境中以展现人物活动为中心的生活画面的描写。描写场面要注意以下几点：

（1）点面结合

场面描写有要以整体描写反映全貌，给人一个总的印象，以人物特写突出主体，给人以深刻的印象。这样，才能把整个场面写好。

如：这些学生在号召群众募捐，帮助灾区人民解决困难，重建家园。围观的人听了都伸出一双双热情的手，纷纷把钞票放进箱子里表示一点心意。站在外围的人焦急地等待里边的人快出来，好让自己进去捐款。一位叔叔还大声地叫嚷："你，你快一点行吗？真是急死人了。"

在这段话中，作者不仅写出了群体的活动，这是面；还写一位叔叔的神态和语言，这就是点。这样就叫做点面结合，让场面显得热烈而不单调。

（2）场面描写要注意按照一定的顺序进行

一般可以用先总后分、由概括到具体的办法来写，也可以按空间顺序事情的发展顺序来写。

（3）场面描写要注意主次

有时一个场面中往往会有很多人，这就要求我们在描写时要突出主角，详写主要人物的语言、动作、表情。

（4）要把场面的气氛描绘出来

比如比赛的场面是热闹的、婚礼的场面是喜庆的，而葬礼则是悲伤的。

4. 描写场面的规律

优秀的文学作品给我们描绘了众多真实而精彩的场面。这些场面为作品中的人物提供了一定的生活和行动的环境，并努力使人物"活"了起来，读者从中受到强烈的艺术感染，进而深刻认识作品的思想意义。一旦作品缺乏这种生动活泼的场面，作品中的人物便失去生活与行动的环境，情节将无法展开，矛盾冲突便无法塑成，作品就不可能造出丰满的艺术形象，因而也就不会有感人的力量。

场面是情节发展过程的基本单位，是文学作品中人物与人物在一定的时间，一定的环境中相互发生关系而构成的生活画面。场面描写就是以人物活动为中心的生活画面的描写。

场面描写与景物描写不同。景物描写是"静态"的描写，而场面描写不只是"静态"的描写，主要还是以人物活动为中心的"动态"的描写。场面描写有时以特写镜头来表现，有时既有全场的鸟瞰，又有个别人或个别事的特写。

以人物活动为中心的场面描写是为展开人物性格和表现作品主题服务的。而从描写手段的运用来看，作用则各有所侧重：有的场面描写悉力刻画人物，或粗勾，或细描，用各种描写方式和手段让人物在场面中充分展开活动；有的场面描写着意渲染气氛，或喜悦，或悲怆，让人物在一定气氛的环境中真实地展现自己的性格；有的场面描写致力推动情节，或伏笔，或悬念，让人物的性格发展和事件变化过程紧相衔接，符合特定的生活规律；有的场面描写着意突出主题，或明示，或暗点，让人物在活动中完成自己的使命，将作者的倾向在场面描写中自然流露出来。场面描写要求通过人物活动渲染出全场的气氛。不同的文学作品，由于基调不同，场面的气氛会有不同。即使一部作品，因为作品中人物的遭遇变化，也会形成若干不同气氛的场面，或恬静，或紧张，或欢乐，或忧郁，或悲中有喜，或喜中见悲等等。这些不同气氛的场面都应当根据主题的需要来构思。

《月兰》（韩少功）开章便说："长顺家的灾祸，是由四只鸡引起的。"当四只鸡被药死后，家里的油盐钱断了，孩子上不了学了，又是检讨，又是罚款，又遭到丈夫打骂。月兰被一逼再逼，终于自杀。在月兰尸体被捞上来这个场面里，细写了两脚是泥的长顺抱尸痛哭，拳头把自己脑袋捶得咚咚直响，诉说月兰的贤德，描写了海伢子哭妈的惨象，场面中，"围观的人都在擦泪"，"树上一只乌鸦哇地怪叫一声拍打着翅膀飞远了"通过对人物与景物的浓抹淡画，把读者带入悲苦的气氛中，使读者感受强烈，认识深刻。场面既然是构成情节的基本单位，每个场面都应当是情节发展的有机组成部分，每一个场面描写都应当在衔接和推动情节方面起作用。我们应当根据人物性格的发展，不断转换场面让故事延续下去。《信任》的若干描写，是根据塑造罗坤这个形象而安排，沿罗坤解决打架事件的过程而设置。《窗口》的若干场面描写，是为表现韩玉楠这个形象而安排，沿韩玉楠思想变化而构思，开章接连用两个场面写她业务熟练，是为了突出她性格转变中主要之点——"思想感情一变，为旅客服务的点子也稠了。"孙犁的《荷花淀》写了一个女人在白洋淀中与日本鬼子遭遇的场面，接着引出一个荷花淀里的战斗场面，游击队击沉敌船.全歼敌寇。由上一个场面，引出下一个场面，场面与场面衔接很紧，使故事发展得自然而跌宕有致。有的场面描写着意突出作品的主题思想。作家的倾向又是通过他的作品表现出来，作品中的这种倾向又是"从场面和情节中自然而然地流露出来，而不应当特别把它指点出来。"着意突出主题的场面描写，大多安排在作品高潮，或是紧接高潮之后。因为突出主题的场面描写，多是情节发展的末端，是作品主人公活动的终结，是作者的认识与感情在紧要处的自然流露。

场面描写有大有小，有波澜壮阔的大场面，也有一人一事的小场面。不论场面大小，都是多种表现方式的综合运用。是人物描写、自然景色描写、社会环境描写等手段的集中体现，是多种艺术技巧与方面的统一体。越是刻画大的场面，它的综合性就越明显。离开多种表现方式和手段，很难全面而又具体地描绘出一个个生动画面；指望用单一的表现方式和手段来构成一个广阔的画面，那将是不可能的。

在我们研究场面描写规律的时候，我们要认真比较场面描写与其他描写的异同。场面描写与其他描写一样，要求将描写对象的状貌、形态、情景具体真切地描绘出来，要求抓住客观事物的特点，鲜明生动地刻画出来。场面描写又与其他描写不同，要求以人物活动为中心，描绘绘出人物与场面相互发生关系而构成的种种生活画面。这种画面往往是比较复杂的，所以要运用多种表现方式与方法，单一的方法是无济于事的；这种画面往往聚集诸多人物与事件，要注意斟酌思路，推敲层次，做到寸尺得宜，次序分明，努力写出一定环境中的富有个性的人物来。

5. 场面描写的方法

（1）点面结合，以点为主

场面描写要勾画出整幅场景，这是"面"，也要描绘局部细节，这是"点"。具体说，"点"一般是指场面的中心人物；"面"往往是围绕中心人物而活动的其他人物。点与面的关系是被衬托与衬托的关系，以"点"为主，以"面"配合；有"点"无"面"，不称其为场，只能说是人物描写；有"面"无"点"，往往失去中心，"面"又会散乱无章。

点与面必须同时具备，相互作用，才能使场面描写重点突出，主次分明。如《鲁提辖拳打镇关西》中状元桥下，两边观看的街坊邻居和郑屠的伙计，没有人敢上前劝阻、拦挡愤怒的鲁提辖，鲁达当众怒打郑屠的场面，既有对鲁达个人的描写，也有围观者的众生相。

（2）远近结合，以近为主

"近"，是指主人公距离作者或读者较近；"远"，是指主人公周围较远距离的有关人物和景物，写"近"，是为了强化中心，突出主角；写"远"，是为了增强垫物，拓宽画面。用墨时，要以近写为主，因为它是重点；远写为次，稍加点墨即可。

例如叶圣陶的《多收了三五斗》共写了三个场面，即柜前粜米，街上购买和船上发泄，每个场面都具有远近描写的内容。如第一个粜米场面，人物柜前的活动是近写。这里，有旧毡帽朋友的失望与哀求，有米店老板的冷酷与奸诈，有米价贵贱的争议，有米质好坏的辩论，有斛子浅满的相持，有洋钱钞票的舌战，这些近写，共占去了30个段落，一千六百多字，写得十分详尽。但仅此易缺乏"面"感，于是作者还有四个段落远写了有关内容。这样，既有近距离的细致刻画，又有远距离的简略点墨，而又以前者为主，远近配合，互为补充，有力地表现了旧社会农民何等不幸的命运。

（3）动静结合，以动为主

场面描写与景物描写不同，景物描写侧重于客观自然环境的描写，以静态为主，而场面描写的重点则是众多人物的共同活动，以动态为主。可见，景物描写包括在场面描写之中，这就决定了场面描写不仅要写出人物生活的场点及其周围的客观环境，而且要灵活地展示人物的命运发展和言行举止、喜怒哀乐。

例如在《钢铁是怎样炼成的》这篇小说中，写到"筑路"这一段的时候，全文只描写了一个"筑路"的场面。这里，不仅有静态描写，如饱含雨水的乌云，一望无际的森林，阴郁枯瘦的老榆树，孤独的小车站，凄凉的石头房，新修的路基，遍地的泥泞，破旧的板棚等等；更有动态情景的描述，如匪徒的"洗劫"、捣蛋鬼的"破坏"，到处出现的"怠工"、懦弱者的"逃跑"、保尔的"吃苦头"、众人的"开会"、坚强者的"决心"，对逃跑者的"叱骂"等等。这样，静态的客观描述，渲染了艰苦的环境，烘托了人物性格，动态的充分展示，有力地表现了保尔和筑路队员们坚韧不拔的顽强革命意志和他们不屈不挠、忘我献身的自我牺牲精神。可谓动静有致，情趣盎然。

（4）纵横结合，以横为主

场面是一定的空间和时间里出现的，作为反映现实生活的文学作品，场面描写也必然要展示相关的空间和时间。这空间就是"横"的描写，东南西北，左右前后，这里那里，无所不及；这时间就是

"纵"的描写，上溯历史，联想以后，古往今来，无所不包。"横"写，意在展现人物的外在活动，体现场面描写的宽度；"纵"写，旨为反映人物的内在活动，增加场面描写厚度。前者是现实的，是眼前所见；后者是历史的或将来的，是心里所想。可见，场面描写必须是横向空间与纵向时间的最佳结合，而必须以横向现实描写为主。例如《挥手之间》，就充分显示了这一特点。

(5) **多种描写结合，以言行描写为主**

场面描写具有综合性，这就决定了必须采用多种描写手法进行场面描写，这些描写手法包括外貌描写、语言描写、行动描写、心理描写、景物描写、细节描写等等，它们有机结合，综合运用，而又以言行描写为主，这是因为在场面描写中它占着主导地位。例如《分马》就充分显示了这一特点。

当然，以上讲的这些场面描写的方法仅仅是方法而已，我们同学在写作的时候，不能够先想到方法，然后把这个方法生搬硬套到场面的描写中去，这样，必定会失败无疑，而应该是先有场面的内心图景，然后，再考虑用什么样的方法去描写这一场面。

总之，"场面描写"需要观察，球场上激烈竞赛的场面、家宴中喜庆祥和的场面、劳动中你争我赶的场面、离别时依依不舍的场面、抢险中紧张危急的场面等都需要仔细地观察，只有这样，才能把握场面的特点，并充分地表现出来。

6. 场面描写的要点

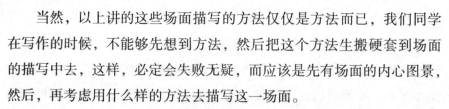

在场面描写中，人物不能是一个，必须是很多个，并且要以人物描写为主，场面为辅。场面描写要为表现人物服务为突出中心服务的。场面描写少不了景物，人物的心理活动和语言。

场面描写，是故事情节发展中的横断面的描写。为了表现人物，表达主题，通常需要的一些大的或小的场面。记叙体文章中，这种场面描写就构成了在一定时间和环境中，人物和人物相互发生关系的生活画面。

（1）场面描写，要以"动"为主

在场面描写时，要刻画人物的活动、活动的发展、位置的转换、情绪的变化等。所以，场面描写必须以动态为中心，要在动态中写特征。

（2）场面描写，要交代时间、地点和场面的气氛

使人易于掌握场面的总轮廓。场面总貌，可按空间顺序描写，人物烽动线索才会分明。

（3）场面描写，要注意"点"和"面"的关系

也就是要把个别人活动的描写或捕捉人物的细节与全场情景的概括描写紧密结合起来。这样才能突出形象，渲染气氛，加强艺术效果。

（4）场面描写，要处理好场内、外的关系

即使读者了解场内事物的原委，往往需要插叙场外自然的、历史的、社会的环境背景。但是，这种插叙必须是言简意赅、衔接自然，而不能喧宾夺主，节外生枝。

（5）场面中人、景、物的结合

场面描写中，场面描写可以写人、写景、写事、写物相互结合。这样，使整个场面有动、有静，形象真实而富有浓厚的生活气息。因此，场面描写笔角很宽，并需要多着墨。

7. 描写场面的技巧

场面归纳起来大体可以分为两类：一类是以人物活动为主的场面，

如竞赛场面、欢迎场面、表演场面等；另一类是以情景气氛为主的场面，如热烈欢呼的场面、紧张忙碌的场面、喧哗热闹的场面、悲痛伤感的场面等。在写作文时怎样写好这样的场面呢？

抓住场面的特点

一个场面就是一个画面。写场面和写看图作文一样，首先要仔细观察，抓住场面的特点。如教室里进行了"扳手劲"比赛活动，有个学生在习作中这样写：

扳手劲第一轮比赛开始了，"预备——开始！"随着崔老师一声令下，陈秦和肖陈乾紧紧地抓住对方的手，眼睛紧盯着对方，嘴唇也闭得紧紧的，准备全力以赴压倒对方。我们大家都目不转睛地注视着他们，只见两只紧握的手在微微颤抖，这时教室里一阵又一阵的呐喊声此起彼伏。同学们有的跪在桌子上，有的拍着桌子，为双方运动员加油助威……

作者抓住了"激烈"这个场面，把激烈、紧张的情景写得栩栩如生。再看下面的文字：

……最令我难忘的还是到达军营的第四个夜晚……

夜深了，很静。

"嘟、嘟、嘟。"三声清脆的哨音划破了整个山谷的沉寂，也把我从梦中惊醒。是三声！紧急集合！我随手去拉灯绳。"别开灯！"不知哪里来的一声提醒了我。紧急集合是不允许开灯的。

此刻，我们住的营房可"炸了锅"。

"嘿，我的衣服呢？"

"手电，快给照照！"

"现在几点了，还没睡好呢！"

"甭啰嗦，只有三分钟！"……

"喂，回来，你穿的是我的鞋！"

"哗啦！""床蹋了？"

"嚷什么，我把脸盆揣翻了！"……

这时的我，用热锅上的蚂蚁来形容，是一点儿也不过分，好不容易胡乱套齐了衣服，背包却怎么也打不上，脑门上急出一层汗。打了拆，拆了打，折腾了两三次就是打不好。心里一慌连手指也给缠了进去。最后干脆一咬牙，横七竖八地给被子来个"五花大绑"，就往肩上一扛，跳下地，拖拉着鞋，冲出门外……

这一段文字把新兵进行紧急集合训练的场景写得非常传神。

写好特定环境中的人物活动

场面描写要注意两个方面：一是要注意写好场面所在的环境。因为任何一个场面的人物活动，都离不开特定的环境。二是要以动态为中心，写好特定环境的中心人物活动。因为任何场面不能没有也不能离开人的活动。请看下面的一段文字：

司机中等身材，有四十来岁，黑胖胖的脸上留着短须，带着眼镜，一看就知道是一位沉着、热情、办事果断的好大叔。医生说病情十分严重，把我们吓得心惊肉跳，医生说按医院的规定，应马上交钱，就可以马上动手术，那个秃头的中年男子幸灾乐祸地说："谁是他的父亲，快一点去交钱，迟了就没命了。"

大厅里，小孩还躺在过道的长凳上，那个秃头的中年男子对司机嚷道："你是孩子他爸，还不赶快去交钱。"司机毫不犹豫地把身上唯一的一百一十元钱交到收费室，这些钱却只有医院抢救费用的四分之一，还要三百三十。

这下人群里炸开锅了，小学生中的一个高个头的女生说："我们也凑着交钱。"围观的小学生都把买早点的钱拿了出来，一下子，捐钱的人猛增，门诊部被围得水泄不通，唯有那个秃头的中年男子不给钱，一个个头很小的小朋友幼稚的问："胖大叔，您为什么不献点儿爱心呢？"

司机也跟着问："大家都出了，你为什么不出点？"

中年男子瞟了司机一眼，轻蔑地说："我是下岗工人，谁向我献爱心。快点回去找三千美金，免得留后遗症。"

突然，一个高个子的女同学忽然尖叫一声："他是我单元楼的王大叔，是个包工头，天天在阳春酒楼请他的哥们吃喝玩乐，打牌追猪，每次都是上千元的消耗……"

一番话驳得那个秃头的中年男子哑口无言。时间一秒一秒的过去，受伤的小孩忽然尖叫一声，一口鲜血从嘴里喷出，洒在地上。这时医院的陈院长把自己的一百元也捐了出来，在场的医生感动了！护士感动了！病人也感动了！人们纷纷解囊相助，一下子就有千元以上。

秃头的中年男子冷笑一声，对司机师傅说："你的小孩有救了。"

护士们都忙了起来，推着手术车，飞速的奔向急救室，护士们你打针，我缝针，她洗伤口，小孩的血止住了，伤口上一共缝了八针。那个中年男子一摇一摆走到病床前对那位师傅说："你的孩子有救了。"

"是吗？"司机回答"每个有良知的人都是他的父亲！"

　　秃头的中年男子望了望小孩，他惊呆了，那竟然是他的孩子，他自愧不如，一屁股坐倒在地上。嚎啕大哭起来："涛儿……涛儿……你……你……。"

　　这里不管是司机，还是秃头的中年男子，还是医生护士、学生，都在关心被撞伤小孩的病情。作者通过着力描绘秃头的中年男子对小孩的消极态度，司机、医生、护士、学生对小孩的热忱相助，使全场所表现的一种有悲有喜，有忧有愤的场景。

　　因此，描写场面不仅要从环境、人物动作、语言、神态等方面表现场面的特点，还要注意点面结合，既写场面的全体，又写场面的个别。这样，一定能给读者以身临其境的真实感受。

8. 场面描写的作用

　　场面描写指的是在某一特定时间和特定地点范围内以人物活动为中心的生活画面的描写。场面描写一般由"人"、"事"、"境"构成，它是叙事性作品的基本构成单位，是刻画人物、展开情节、表现主题的主要手段。下面具体谈谈场面描写的几种作用：

　　（1）塑造人物，表现主题

　　场面描写的最主要的作用是为塑造人物形象和表现作品主题服务的，但在具体运用中来看，作用又各所侧重。如吴伯萧的《记一辆纺车》中纺线场面的描写，具有"万马奔腾"之感。作者通过这一宏大的纺织场面描写，把当年大生产运动的动人景象再现出来，深刻地表现了"延安军民自力更生的乐观精神和豪迈欢快感情"这一重大主题。

　　（2）渲染气氛，烘托事物

　　有的场面描写刻意渲染气氛，或喜悦、恬静，或悲怆、紧张，让人物在一定环境中真实地展开活动。都德的《最后一课》写上课的情景，巧妙地借助于一个无知顽童的冷静观察和心理分析，特别是对韩麦尔先生临下课之际感人至深的神态言行的细摹，在肃静而凝重的氛围的层层烘托渲染中，最后突然如火山爆发般地喷出爱国主义的激情，收到了强烈地感染读者的艺术效果。

（3）明示、暗点主题

有的场面描写着意突出主题，或明示，或暗点，让人物在活动中完成自己的使命，将作者的倾向在具体的场面描写中自然流露出来。杜鹏程的《夜走灵官峡》中有小成渝的妈妈指挥交通的一段场面描写："已经变成了一个雪人，像一尊石像。"这个场面描写表现出中国工人阶级不畏艰苦、坚守岗位的责任感和革命精神。

9. 怎样才能描写好场面

什么是场面呢？场面是事件发生的环境与人物活动的统一体。场面描写是对各种人物在一定时间和环境中所处关系和活动情况的描写。比如，一场足球比赛，活动场所是足球场，参与的人有比赛双方、裁判和观众，要写好比赛场面，就要把比赛双方的表现和观众的反映都写出来。

场面描写可以渲染气氛，表现人物形象，发展故事情节，表达中心思想。对记叙文来说，有场面描写和没有场面描写，表达效果会完全不同。

那么，怎样才能描写好场面呢？

以人物活动为中心

场面描写是对特定环境中人物活动的描写，是以人物活动为中心的动态描写。因此，场面描写不可重点描写周围的环境，而是要以人物的活动为中心，展示人物彼此之间的关系，表现人物的精神面貌。例如，《狼牙山五壮士》一文中，作者描写五壮士完成掩护任务，把敌人引上绝路，直至壮烈牺牲的场面时，描写的重点就不是悬崖深谷，而是五壮士英勇的行动和坚强不屈的品格。

分清主次，理清头绪

场面不论大小，往往都人物众多，事件繁杂。因此，场面描写必须理清头绪，有主次、有详略、有层次、有条理地展开。例如，课文《飞夺泸定桥》末尾写红四团发起总攻时的战斗场面时就是按以下层次进行的：先写团长和政委亲自指挥；接着写在号手们的指挥下，所有武器一齐开火，响声震动山谷；然后写二连突击队的十二位英雄如何冲向对岸；最后写三连战士怎样铺桥前进。尽管事件比较复杂，但作者却主要写了战士们冲锋陷阵的情形，其余的则一笔带过。

写出特定场面的气氛

写出场面的气氛，实际上就是要写出特定环境中人物的活动和感情。任何场面都是在某种特定的环境中展开的。没有特定环境的场面是不存在的。描写场面时，作者要通过特定环境中的人物活动，表现特定场合或喜或悲的气氛。例如，《凡卡》一文中，既有凡卡经常挨打这一让人悲伤的场面——"老板揪着他的头发拖到院子里拿皮带揍""老板娘拿鱼嘴戳他的脸""老板随手捞起个家伙就打"，又有描写凡卡与爷爷砍圣诞树这一让人快乐的场面——"他想起到树林里去砍圣诞树的总是爷爷，爷爷总是带着他去。多么快乐的日子呀！""要砍圣诞树了，爷爷先抽一斗烟，再吸一阵子鼻烟，还跟冻僵的小凡卡逗笑一会儿"。

这两个反映凡卡生活悲与喜的场面，在文中起对比作用，不仅以凡卡在农村的"乐"衬托出他在城里的"苦"，更表现了凡卡想让爷爷带他离开的迫切愿望。

运用点面结合的写法

场面描写通常由许多人和事组成，因此叙述时要采用点面结合的写法，即先对整个场面作一个概括性描述，然后再写几个有代表性的人或事。请看课文《我的战友邱少云》中的场面描写：

为了整个班，为了整个潜伏部队，为了这次战斗的胜利，邱少云像千斤巨石一般，趴在火堆里一动也不动。烈火在他身上烧了半个多钟头才渐渐地熄灭。这位伟大的战士，直到最后一息，也没挪动一寸地方，没发出一声呻吟。

这段话中用了几个重要的词语和句子，"千斤巨石""一动也不动""没挪动一寸地方""没发出一声呻吟"等。这样点面结合，既能给人完整的印象，又能给人具体的感受。

10. 场面描写与环境描写的区别

环境描写是指对人物所处的具体的社会环境和自然环境的描写。其中，社会环境是指能反映社会、时代特征的建筑、场所、陈设等景物以及民俗民风等。自然环境是指自然界的景物，如季节变化、风霜雨雪、山川湖海、森林原野等。

(1) 环境描写主要有以下作用

一是交代故事的时代背景，如《孔乙己》中开头对鲁镇酒店的格局的描写；二是渲染气氛，如《故乡》中对故乡景象的描写；三是烘托人物性格，如《驿路梨花》中对小茅屋的描写。此外，还可推动故事情节的发展，映衬人物的心情，抒发作者的思想感情等。

运用环境描写要做到：目的明确为表达中心思想服务；具体生动给人身临其境之感；抓住特征写出独具特色的景物。

场面描写是指对人物，往往是众多人物在一定时间和环境中的活动所构成的画面的描写。场面描写要做到：有条不紊，主次明晰；既有全景的描述，也有细致的特写；要写出特定场合的气氛。

（2）场面描写与环境描写的不同在于

环境描写是描写人物活动的客观环境，是"静态"的描写；而场面描写是以人物活动为中心的"动态"的描写。

有一篇作文，题目是《在阅览室里》。本文记叙人们在阅览室里学习文化科学知识的一个故事，反映出人们为了振兴中华、建设四化而发愤攻读的社会风气。文章第二段详细描写了阅览室的场面，烘托了人们专心读书的气氛，为后文的主要情节的记叙做了环境铺垫："刚走到阅览室的门口，一股热气就迎面扑来。踏进阅览室一瞧，嗬，人真多啊！坐的坐，站的站，还有挤来挤去找位子的、觅书报的……然而却静得出奇，只有日光灯发出'吱——'的声响。我不禁屏息静气，插身进去。"如果没有这一段场面描写，不仅后文显得干瘪、突然，也使后文详写的典型事例显得孤立，失去了一定的代表性，淡化了主题。

细节描写是指作品中对一些富有艺术表现力的细小事物、人物的某些细微的举止行动，以及景物片断等的具体细腻的描写。

11. 场面写作注意事项

（1）要交待清楚场面的背景

如活动场面发生的时间、地点、环境等，这样人们才知道场面是在怎样的社会或自然环境中发生的。

（2）要在写好总体的基础上写具体

写场面时，要对场面有总体概括，使读者对总体面貌有所了解。但场面同时也应该有重点部分，对这部分要写详细、写具体，做到有点、有面。

（3）要写出气氛

气氛是人在一定环境中看到的景象或感觉到的一种情绪或感情。无论什么场面，都会有气氛，如庆祝场面有欢乐的气氛；比赛场面有紧张的气氛；送别场面有难舍难分的气氛等等。

（4）写场面要有顺序

场面是由人、事、景、物组合起来的综合画面，不可能几笔就同时都写出来。因此，写场面时要安排好先后的顺序。一般来说，场面描写可以按照由面到点来安排顺序。比如，描写庆祝教师节的场面，可以先写欢庆活动的总体气氛，勾勒"面"的情况，然后分别写校长、老师、同学的表现。这样就能点面结合、条理清楚。

场面描写即把活动的场面和情景有重点地具体地进行描写。关键是在场面描写中要写出应有的气氛，展示一幕幕精彩的场面，使人有种身临其境的感觉。

12. 场面描写的训练

写法导引

场面描写是就记叙文而言的。什么叫场面描写？目前似乎还没有确定的说法，我们不妨给它下一个这样的定义：场面描写就是对较多的人物活动的场景进行的描写。

"场面"与"片断"有时容易混淆。如孙犁的小说《荷花淀》中"夫妻话别""敌我遭遇""助夫杀敌"三个内容，人教社高中语文第二册说是"三个片断"，而人教社高中语文实验本《写作与说话》第四册却说是"场面"，认为这篇小说是"用场面来结构全文"。

其实，场面描写与片断描写既有共同点，也有不同点，共同点是：

二者都要扣紧中心内容和人物的性格进行描写，都以描写人物为主，都可以采用语言描写、动作描写、外貌描写、心理描写，都可以适当描写景物来烘托人物。

较之于片断描写，场面描写从时间上看显得长一些，从空间上看显得大一些，从人物看要多一些，从事件看要复杂一些，从结构看要完整一些，有相对的独立性。至于片断描写，比较零碎，不求完整，只对一个人或一个人为主的活动场景进行描写。

场面描写有各种格式，写作时要根据需要选择格式。下面对三种主要格式进行训练。

训练题目

（1）采用点式格式写一个体育比赛场面。

提示与要求：

①所谓"点"就是指片断，若干点（片断）的组合，就是点式格式，可以用"点＋点＋点……"的形式来表示。

②300字左右。

（2）采用面式格式写一个学习生活场面。

提示与要求：

①"面"是场面中的一群人，而不是一两个人。描写方法有两种，一是对整个场面中的人进行描写，二是对整个场面中的人物进行分类描写。

②300字左右。

（3）采用点面结合格式写一个场面，内容自定。

①点面结合格式，就是面式、点式两种格式的综合，要求二者有机结合，写成一个完整的场面，而不是写成两个场面。采用这种格式写作，又可细分为："由点到面""由面到点""点面交错"三种小类。

②400字左右。

参考答案

《精彩的一幕》：

　　眼看对方前锋已带球单刀直奔我禁区。在这千钧一发的时候，只见我方后卫赵新宇正在禁区外一点飞奔向前，从后侧敏锐出击，准确而快速地断了球，紧接着用右脚尖一"点"，球传给了中后卫杨晋。杨晋得球后，右脚一抬，奋力一踢，像远射炮般把球发射给了左中锋蒋超，这才缓和了我方的紧张局势。蒋超一得到球，对方中锋立即上前回堵。蒋超不慌不忙踢着球，在对方快接近他的瞬间，他突然向左虚晃，又立即向右一闪，甩开对方，大喊一声："李志刚！"飞起一脚，球直向对方禁区送去。李志刚似乎早已心领神会，纵身一跃，头使劲一顶。糟糕，球被对方守门员挡了回来。大家都向球扑去，只见李啸像一把尖刀插上前，迅速补一脚，球不偏不倚，飞进了球门。

　　简评：这个场面描写把两个班的学生进行足球比赛的情景表现出来了。重点写了"我方"赵新宇、杨晋、蒋超、李志刚和李啸这五个队员。这个场面，实际上由"赵新宇断球""杨晋远射""蒋超送球""李志刚顶球""李啸射门"这五个片断构成。在写法上，采用了动作描写，"奔""断""点""射""晃"等一系列动词，很好地表现了"精彩的一幕"。

《试卷发下来以后》：

　　"发试卷啦！"随着喊声，我跑进了教室，只见语文科代表手里只剩下几张期中考试卷了，教室里沸腾起来了。考得好的同学抑制不住内心的激动,有的高兴得叫出了声:"哇,92分!""好,88分!""81分,不错,你有进步!"有的满脸笑容,手舞足蹈;有的用手拍着桌子,捶着大腿;有的抓着试卷的手在不停地颤动,腿也在颤动,整个身体仿佛都在颤动。教室里也有平静的一面,考得不好的同学心情沉重,有的面无表情,石雕一般,坐着发呆;有的双眉紧锁,目光集中在一处,似乎在沉思什么;有的埋头看卷,不断摆头,后悔不已;有的双手捧头,眼泪一滴一滴地流了下来。

简评:这个场面描写展示了期中考试试卷发放时情景。一份份试卷,牵动着一个个同学的神经。全文把同学分成两类:一类是考得好的,表现其欣喜;一类是考得不好的,表现其沮丧。描写时,有静态的,也有动态的。整个场面,不是写一个人,而是写一群人。

《服毒自尽,宁死不降》:

天,阴沉沉的;风,呼呼地吹着。

"已经20天了,援军怎么还是杳无音信?这可是答复将士们的最后一天啊!"想到这里,丁汝昌凭栏远眺,他哪里知道离这儿不足30里的援军受叛徒谎言的欺骗早已背道而驰,此时他望着茫茫的大海,瞳仁里射出最后一点希冀的光芒。然而,等到的却是失望。

"快带我们去见丁军门!"一大群衣衫褴褛的士兵吵着嚷着涌了过来,"放我们走吧,我们还有老婆儿女呀!""扑通",瞬间,跪下了一大片。丁汝昌强忍着泪水,扶起身旁一个老兵,吃力地吐出几个字:"大伙儿……都……去吧。"四周死一般寂静,官兵们无不潸然泪下,只有胖提督和洋教士在窃笑着他们阴谋的得逞。

丁汝昌蹒跚地步入室内，老泪纵横，各种感伤纷至沓来。"要我投降，我宁愿死！"可是死对他来说又是多么不甘心呵，强国梦还没有实现，水师情仍缠绕在心，这曾与他荣辱与共的大海，怎么舍得离别呢？他抚摸着身边的爱物——一艘陪伴他多年的船模，轻轻地、轻轻地。对国，对海，对船，他饱含深情，依依不舍。终于，他缓缓地举起了毒酒，在嘴角停留良久，蓦地，他将毒酒一饮而尽。

晦暗的烛光中，他静静地躺着，只听见海涛阵阵地鸣咽。

简评：这是根据电视剧《北洋水师》中水师提督丁汝昌在刘公岛服毒自尽的情节写成的一个场面。第二段写"点"，第三段既写了面（一群士兵），又写了点（丁汝昌、胖提督、洋教士）。第四段写点（丁汝昌服毒自尽经过）。全文综合表现了爱国将领丁汝昌宁死不降、视死如归的民族气节。

第二章

场面写作好段

1. 化学实验

我饶有兴味地注视着讲台上的器具，看老师做演示实验。只见老师把一些蔗糖放进烧杯，又把浓硫酸倒了进去。一会儿，那雪白的蔗糖就变成了黑色的泡沫，迅速地膨胀起来。一种难闻的焦味便弥漫在教室里。

"该动手了！"我的同桌推了推我。奇妙的化学"魔术"深深吸引了我，那变化多快！又多容易啊！今天我得尝尝变魔术的滋味了，先做哪一个实验呢？对了，先做铜和浓硫酸加热的反应，因为在这个实验中将出现我最喜爱的蓝色，那蓝色，纯净、明亮！

我信手在试管里加进了铜和浓硫酸。点燃了酒精灯，夹住试管加热。不一会儿，实验完毕。待试管中的溶液冷却后，我把它倒入装有五毫升水的另一个试管中，静静地观察着，等待那令人赏心悦目的蓝色出现。溶液变色了，然而这颜色却是黑黑的，浑浊的像那苏州河的河水。我疑惑不解，而且犯愁了，这实验报告该怎么填呢？

2. 体育课

上课的铃声响了。体育老师走进了教室，对同学们说："这一节课我们练习跳'山羊'。"接着，老师给我们介绍了跳"山羊"的动作要领和要求，然后开始练习。同学们一个个勇敢地跳了过去。可是，随着"山羊"渐渐升高，女同学们都一个个"靠边站"了，不少男同学还是勇敢地跳过去。这时，丁莉莉也有点胆怯了，她踌躇着，好像摆在她面前的不是一只"山羊"，而是一只"老虎"。但她没有被困难吓倒，终于鼓足了勇气，朝"山羊"冲上去，双手一按，两脚一蹬，身子腾空而起，敏捷而矫健地跳了过去。

3. 科技日

　　轮到高永清同学做实验了。真怪！他拿出了三个杯子和一张纸，走到台前先向同学们介绍："我做的实验叫'纸桥'。我把一张纸架在两个玻璃杯上，做为纸桥，上面再放一只玻璃杯，纸桥经不住压力，立刻会耷拉下来。如果我把纸叠成瓦楞形，就能托住杯子。"大家都表示怀疑。"不信，我做给你们看。"结果，这个实验真成功了！我们不约而同地投以惊奇的目光，接着，他又胸有成竹地讲起科学原理：凸起的纸比平面纸抗压性强，几个凸起的纸的合力就能顶住杯子的重量。噢！科学就是有着神奇的力量。

4. 考试结束

　　"时间到了。收卷！"老师宣布说。考场上立刻响起了各种声响，同学们也表现出各种情况。有的潇洒地走出去，显得胸有成竹；有的慢慢腾腾地站起来，眼睛还盯着试卷；有的急三火四地加紧动作，赶忙再添上几笔。收卷的老师距我只有两桌之隔了，而我的最后一道题再有半分钟才可大功告成。抓紧时间，争分夺秒，攻下这个城堡！可越急越添乱，本来很有把握的，这时却理不出个头绪，真是乱了方寸。我那被同学们羡慕的"英雄"笔在卷子上犹豫不定，写不出只字片语。"老师，再给半分钟！就半分钟！"我在心里向老师暗暗乞求，浑身冒汗。

5. 智力测验

　　一次，就要智力测验了，老师叫我们回去看些书报杂志。这些话我根本听不进去，就凭我的聪明，准能名列前茅！过了几天，果然测验了。卷子发下来，第一题是："世界上什么动物最大？"我不由地笑了起来，"这不是大象吗？"第二题是："世界上跑得最快的动物是什么？"这题虽然有些难，但未过片刻我就想出来——狗。记得有一次我见了狗就跑，哪知没过几分钟，狗便跑在我的前面了……

6. 学朗诵

　　爸爸请康英老师教我朗诵。康英老师让我随便朗诵一段什么，我就朗诵了《瀑布》这首诗。我朗诵的时候，康老师安详地坐在沙发椅上，两只手扶着扶手，眼睛看着我的脸，静静地听着。我朗诵完了，她把我拉到身边，和蔼地问："这首诗的意思你全懂吗？"我点点头。她接下去问："那你说说这个'啊'字表示什么？"这下可把我问住了。她见我答不上来，便解释说："这个'啊'字表示内心的赞叹，所以应该读得轻一些。"说完她朗读《瀑布》这首诗给我做示范。康老师朗诵的声音是那么柔美，感情是那么充沛，我好像看到了瀑布那如烟如雾如尘的样子，好像听到了瀑布那像阵风吹过松林的声音。

7. 考试的场面

　　教室里异常安静，同学们正在紧张地考试。呀，许玲遇到了困难。看，她一手托着下巴，一会儿一手抓抓头发，一会儿又拿起笔画着，紧皱着眉头，面颊涨得通红通红的。过了一会儿，我忽然笑了，随后拿起笔在卷子上刷刷刷地写了起来……

8. 考场里

试卷发下来了，教室里鸦雀无声。同学们打开试卷，紧张地瞄了一下卷面上的试题，哟，还真难呢！而且题量这么多，整整四大张！大家不由地轻轻叹了一声，也顾不得多想，就立刻动手做起来。教室里一片沙沙的写字声，有的手托下巴，侧着脑袋，紧皱双眉在思考。考场就是战场，这话一点不假，你看，同学们不都在紧张地战斗吗？

9. 听讲

自然课老师对我们说："今天这节课，我们做一个试验。"边说边从木篮里拿出一样东西。这东西可真奇怪：浑身乌黑发亮，安着两个大轮子，好像猪八戒的两只大耳朵。嘿！大耳朵下还挂着两个小胖子似的圆金属。咦！怎么？耳朵后面还藏着个手摇机呢！我们都睁大了眼睛，想看看这个东西到底有什么作用。

这时，老师摇起手摇机来，手摇机带动了那两个轮子。摇着摇着，两个小胖墩也不自在了，不时一张一合，还发出"咔咔"的响声，同时闪过几道白光，咦！这是怎么回事呢？我专心听讲，才明白了：原来，手摇机带动齿轮转动时，两个轮子互相摩擦，使两个金属球带上了相反的电，由于"异种电互相吸引"，两个金属球互相吸引放电，闪出的白光就和我们常见的雷雨时的闪电一样，"咔咔"的响声也就同雷声一个道理，真有意思啊！

10. 晨读

清晨，大地刚披上朝霞，校园里已经响起了琅琅的读书声。教室里，走廊上，高高的篮球架下，五六个，两三个，还有独自一个的同学，在朗读着，背诵着。他们有的捧着书本，认真朗读。有的把书放到身后，抬起头背诵着，一会儿，又拿起书看了一眼，继续背下去。

11. 早读

早读铃一响，操场上顿时留下了一片宁静。这时，随便你走进哪间教室，迎接你的都是一派勤奋好学的景象：有的摇着身子高声朗读，有的皱着眉头轻声背诵；有的趴在桌上一个劲儿地抄写，也有的侧着脑袋默默地沉思；有的面对面地背外语单词，也有的三五个凑在一起争论一道难题；有的聚精会神地临摹大楷帖，也有的兴致勃勃地画着画……

12. 自学

老师给同学们布置了自学任务。自学开始了，顿时，教室里鸦雀无声，同学们认真地看着课文。不一会儿，教室里开始有了轻轻的读书声，起初还可以分辨出是谁读书的声音，后来只听见是一阵阵"嗡嗡"声。几分钟过去，声音渐渐消失，全班同学陷入了沉思。你看，同学们有的手中拿着铅笔在书上加批注。有的手持铅笔在认真地思考问题。小胖子梁峥双眉紧锁好像在思考着什么。他一会拿起笔来写，一会儿又看看课后的提示，一会儿嘴唇动几下又闭上，一会儿又用焦急的目光望着讲台前的胡老师，好像要一下子弄懂课文的内容。在他的左侧，一个女同学手托下巴，另一只手拿着书专心地看着，额上的头发搭在眉毛前都快遮住眼睛了，可她毫不在意，仍在聚精会神地思考书后的问题。忽然，她放下书，兴奋地举起手，胡老师看见后轻轻点点头，示意让她等等别的同学。

13. 钻研

后来，我又发了"上懂天文，下识地理"的瘾，大部分兴趣都转到学地理上来了。一些同学劝我："你将来又不学文科，花那么多时间学地理干啥？岂不太荒唐了吗？"荒唐就荒唐吧，我实在不愿做一个南北不分的地理盲。我刻苦钻研，发现学地理应从学地图开始。于是，《古往今来话地图》、《给地球画像》、《在地图上旅行》……看了一本又一本。后来我又捧起了《我国地形》、《我国平原》，还有《南岳衡山》、《美丽富饶的南海诸岛》……这些书使我的地理知识极大地丰富了，更激发了我对祖国大好河山无比的向往、热爱之情。

14. 交卷

铃声响了，再也没有时间复查一遍了。我站起来，可眼光仍注视着试卷，那涂涂改改的字，顿时变幻成一个个小锤敲击着我心头。唉！有几道难题，我一点也没把握，甚至可以说是胡乱演算了一通。教室里空荡荡的，只剩下一二个人了。我没有勇气正视老师，手里仿佛捏着一团火，疾步走向讲台，将卷子一塞，转身就走。

教室外围着一群人，叽叽喳喳，议论纷纷。有的人叹息，有的人雀跃。我呢？赶紧走开，生怕有人拉住我。在厕所里，我悄悄地打开书本，果然有几道题错了。凡是重点的地方，我都划上横线，而那几道题，恰恰在我认为的"重点"之外。一阵心酸，我几乎掉下眼泪！

15. 地理课

"叮铃铃"，上课铃响过之后，同学们快步走进教室。教室里立刻响起了拿书声、开铅笔盒儿声，里面还夹杂着同学们的说话声。不一会儿，一位老师走了进来，个子矮矮的。放下手中的备课簿和教科书，他推了推鼻梁上的眼镜，头又向上抬了抬，一本正经地走到讲台上。这一连串动作，我们看了都笑了。可他好像没听见，神态自若地翻开课本第一页，便讲了起来："今天，我们讲地球。"他声音很响，却有些沙哑。"地球就是 TheEarth。"话音刚落，我们都呆了，随后互相看着说："老师'开'起外国语来了。"老师看了看我们，停了一会儿，又继续说下去了。他讲课时，举了好多例子，每每出现一个地理名词，他便用英语单词写出来。一堂地理课却上得充实、有趣。不知不觉地，响起了下课的铃声。

16. 数学课

上课时，关老师并没有直接先给我们讲题，而是举起一只手对我们说："这有几根指头？""5——根。""那好，你们再说一说，5 根指头有几个指头缝？""5——个。"听到这一连串奇怪的问话，同学们都禁不住议论纷纷。只见关老师这才在黑板上画了一条线段说："假设这是一根木头，我把它锯成五段就好比分成五份。那么同学们，你们想一想，应该锯几下？""4——下。"我们异口同声地回答。顿时，我恍然大悟。"那好，你们自己重新做这道题。"我拿出笔，想了一下，很快就列下了算式。关老师在教室里走了一圈，望着同学们那列出的算式，她的脸上露出了满意的笑容。关老师语重心长地对我们说："世上无难事，只要肯认真。通过认真思考，你们不都做对了吗?"这句话深深地埋在了我的心底。

17. 劳动课

一上课，老师首先说了一个谜语：

"有根不入地，有叶不开花，虽是家常菜，园里不种它。"然后让我们大家来猜一猜，嗬！这可真是别出心裁呀！同学们都冥思苦想起来，就连最聪明的张颖和阎铁塔也皱起了眉头。忽然范敬伟把手高高地举了起来，老师叫了他，他说："这个谜底是'韭菜'!"可迎来的只是同学们的笑声。老师见我们猜不着，只好把谜底告诉了我们说是"豆芽菜"。老师接着说："豆芽营养很丰富，而且味美可口，你们想不想学会生豆芽菜呀?"我们齐声说："想!"李老师说："生豆芽主要经过三个步骤。"老师说完后，问我们有什么不懂的地方，幽默大师邹稷说："豆芽进入生芽期温度要保持在多少度之间为好呢?"李老师耐心地说："温度要保持在 $19℃$ 至 $23℃$ 之间为好。"百灵鸟王艳华说："李老师，每隔多长时间要给豆粒淋一次水呢?"李老师说："每隔 4 小时要给豆粒淋一次温水。5 至 6 天后就可以生出豆芽了。"我们听后，不住地点头，表示学会了。只有范敬伟坐在那里，不吱声，老师叫了他，他说："生豆芽要注意什么呢?"老师说："生豆芽要注意的事情是，不要把容器放在阳光充足的地方，需要放到避光处，不要让阳光透入，否则豆芽会变青。"叮铃铃叮铃铃！下课铃声响了，老师给我们留了一个作业：每一组生一盆豆芽。同学们认为这节课上得很好。

18. 考试之前

离毕业考试的时间在一天一天地缩短，我们和老师都有一种紧迫感。但也不觉得非常紧张。我们不认为学习是一种负担，我们的学习是轻松愉快的。在语文课上，教室里常有笑声，这不是我们随便笑，老师也没有随便逗我们笑。就说作文讲评吧，老师举一些同学们在作文中时常出现的错例，像把"陶醉"写成"陶酸"啦，把"买衣服"写成"卖衣服"啦，有的同学把别的同学描写成"浑身都长着毛毛，胡须也很长"啦，这能不引人发笑吗？我们常在笑声中学到不少东西。我们学课文，在老师的指点下，我们仿佛自己也成了课文中的人物了。背课文的时候，由于清楚地了解文章的脉络，背起来不觉得困难。数学、英语跟语文相比，枯燥一些，但是我们看到自己好不容易做出的难题是正确的时候，说准了一两句英语的时候，多么兴奋啊！总之，我们的学习是既紧张，又愉快的。老师不占用我们的课余时间，我们的体育课、音乐课、美术课也都照样上得很好。

19. 补课

我接过本子，看到老师那信任的眼光，一下子增添了重写的勇气，我拿起笔沙沙地写了起来。可是，写了不到四十分钟，笔停住了，再也写不下去了。我一数，才写了不到二百字。我想写，但再也无话可说，只得草草交了卷，坐在那里等老师批评我。可是出乎我的意料，夏老师看了后，用红笔在我的本子上加了许多符号，我就照着上面的符号，一遍又一遍地补充和修改。经过两个小时的写作，我写成了四五百字的文章，把它端端正正地抄在作文本上。夏老师给我打了一个鲜红的八十分。接着，他打开抽屉，里面整整齐齐地放着一叠书。他拿出一本《作文知识讲座》和一本日记，在书的扉页上写上我的名字，在日记本上用秀丽的仿宋体写了一段鼓励我的话。我双手接过来，眼眶湿润了。

20. 复习

随着时光的流逝，一转眼，期中考试来到了，我决心用优异的成绩来洗刷上次的"耻辱"。临考的前一天晚上，我准备早点躺下，养好精神，明天去考试，可躺在床上翻来覆去，怎么也睡不着。想想欧阳栋、李萍他们，恐怕还在台灯下认真地复习吧？于是我一骨碌爬下床来又开始复习了。

"当当当"十一点钟了。我看着看着，书上的字都模糊了，上下眼皮好像在打架，望望窗外星星在向我眨眼，仿佛鼓励我认真复习。月亮将清幽的光照进屋来，仿佛在为我助兴！使我忘记了这已是深夜！

21. 喂鸡

我端起鸡食碗，它把脖子伸得老长老长的，眼巴巴地看着我，后来干脆跳起来抢食了。我把碗放到地上，说："你激动什么，又没有哪个来跟你抢！"它却不管三七二十一，一头扎进碗里，飞快地啄了起来。它的习惯可真不好，边吃边刨，把鸡食刨得满地都是，让人看着生气。不过，望着那锦衣似的羽毛，想到它那机灵劲儿，却也不打心里喜欢起它来了。

过了一会儿，它吃饱了，满意地扇扇翅膀，摆摆尾巴，迈着稳当的步子走开了。

22. 看弟弟

在愉快的春节里，我当了一天的"小保姆"，看阿姨家三周岁的孩子本晖。

本来，我以为看弟弟很容易，实际情况却大大出乎我的意料，这孩子真不好带，太顽皮了。踢皮球差点打翻热水瓶，吃奶油蛋糕成了"白胡子小花脸"，学画画把纸片撒了满地……他乘我不备，从床上爬到窗台上，雪白的床单上留下了几个脚印。"危险!"我叫了起来。"味（危）盐（险）!"他瞪大眼睛学我的样。人着急，他却逗乐，真奈何他不得! 看弟弟也是不容易的。

23. 英语课

五年级的时候，我是英语科代表。每逢星期二下午，我替老师上一节英语辅导课。同学们趁老师不在瞎起哄，我就在黑板上写了几行字：静一静! 你们不服气，是不是认为我不称职? 那请你们推选一位代表，来和我比一比，看谁读生词读得又好又快。女同学是支持我的，上来的是男同学的代表小牧。我翻开书，流利地朗读下一课生词，小牧却眼巴巴地瞪着生词直发愣，嘴巴也张不开，脸憋得通红。起哄的男同学见他这副模样，全都悄无声息地拿起了书……以后，我的工作就方便多了。

24. 挖野菜

我开始挖菜了，左手提着篮子，右手拿着小铲，弯着腰低着头，仔细寻找，忽然，发现一束茂密的麦苗旁边，长着一棵又大又嫩的野菜。它形似面条，叶子在阳光的照射下有亮光。我拿不准是不是面条菜，便去问妈妈，妈妈告诉我："这是牛舌草"。于是，我又去仔细寻找，正在寻找时，我的眼睛一亮，发现在离我一米多远的地方，有一棵比较大的面条菜。妈妈微笑着说："小冰真行，你的这棵菜才是真正的面条菜。"经妈妈这么一说，我赶紧放进篮子，弯腰寻找着、挖着，挖了一棵又一棵。

25．植树

分完工，老师一声令下，大家就热火朝天地干起来。我和小强按照事先用石灰粉画好的圆圈儿开始抢镐挥锹。开始时还挺顺利的，挖到一尺多深以后，就有点累了，也不怎么好挖了。按要求应该是挖直径80公分的圆桶形树坑，坑壁要直上直下。可这时用镐刨吧，镐把挡着，镐头够不着土。用锹挖吧，坑直上直下，土又铲不出来。怎么办？有了，用手往外掏！于是，我们就用手一捧一捧地往外掏土。树坑终于挖好了，小兰起来，把小树苗放进坑里，用双手扶直扶稳，我和小强就开始填土了。你一铲，我一锹，填上一层土，再用脚用力地踩实一层，好让小树牢牢地扎根在泥土里，不一会儿就把树坑填满了。接着我们轮番上去踩，踩得实实的。打水浇树的同学来了，"哗——，哗——！"两桶清清的水倒进了树坑里，慢慢地渗进了泥土中。

26．收桃子

果园里的小路上，珠珠和孟清抬着满满一筐大桃子，一路小跑，谁也不示弱。他们手上磨出了血泡，小路的右边，堆了十多筐装得满满的大桃子。扎着蝴蝶结的李莉俯下身子，轻手轻脚地往大筐里倒桃子，生怕把桃子给挤坏了。旁边的一个男同学却急得冲她直嚷："快点，我这还有一筐呢！"身体健壮的大个子林拥不管三七二十一，干脆扛起一大筐桃子到大卡车那边"报到"去了。在他们身后的不远处，胆小的苏琳正高兴地在梯子上摘桃子，梯子旁边的那个同学生怕她摔下来，一只手扶着梯子，一只手小心翼翼地接桃子，两人配合得很默契。

27. 包饺子的场面

"包饺子有什么难？不用学。"我顺便用筷子夹了一些饺子馅，轻轻放在饺子皮上，学着爸爸的样子，把饺子皮的边儿，一点点地捏合起来，再放在手心里，用力一压……啊！不好了！露馅了！我急忙把另一张饺子皮盖上去。刚放下心来，饺子馅又从手指缝里流出来了。原来，饺子上又有一处的皮破了，我慌忙又用一块饺子皮补上。就这样，我用了三四张饺子皮才凑凑合合地包上一个饺子。放在案板上，嗬！多么神气啊！虎背熊腰，简直像个"将军肚"，和大家包的大不一样。……我没有灰心，更没有丧气，鼓起勇气来，包第二个。这次，我吸取了教训，没敢多放馅，用手压的时候，也不敢用力。结果，包出的饺子还不及大家包的2/3大，活像个"营养不良"的"瘦干巴"，连站都站不起来。再看爸爸，包得又快又好，好像用一个模子脱出来似的，一种敬羡之情油然而生。我一定要赶上爸爸……。"万事开头难"，经过反复练习，现在，包起饺子，也又快又好，可真是"丑小鸭"变成"小天鹅"了。

28. 挖土方

这天特别冷，西北风像刀一样，地面冻得梆梆硬。老师在教室里给同学们分好了工，同学们拿着工具，像开了闸的水一样冲出教室，涌向各自的劳动场地。不待老师催促，同学们就七手八脚地干起来。只见铲土的同学顿时变得热气腾腾，谈话声，镐头刨地的撞击声，挑土同学的吆喝声，响成一片。个个都干得热火朝天，特别是小同学，他们把镐头高高举起，然后用力向坚硬的石沙刨去，镐头落地，只听"砰"的一声，跟着一股股白烟腾空而起，一块块泥土就崩了下来。那天虽然春寒料峭，同学们却脱下棉衣，只穿一件单衣还汗流浃背！

29. 扫雪

在印老师的带领下，大家干得热火朝天，有的同学使出了全身力气，手握铁锹，脚踏锹头，"咔嚓"一声，一块雪就被铲了下来。还有的同学满头大汗，把棉袄脱了，向一旁一扔继续干。有人手指磨破了，只在嘴里吸了吸，然后继续铲雪。整个学校到处都是一片"丁丁当当"的铲雪声，热闹极了！你看，张德红握着短柄铁锹，正在分割着坚硬的雪，"嚓嚓"，随着几声脆响，出现几道深深的裂痕。他摇了摇发酸的胳膊，卷了卷袖子，把铁锹的顶端插入印痕，再使劲往下一压，可雪块纹丝未动。他深深地吸了一口气，咬紧牙关，两只手同时握住锹柄，叫了一声："起——！"同时使出全身力气用力一撬，终于把那大如方桌面的雪块撬下来了。雪被大块大块地铲下来了，几个男同学自告奋勇，成立了"临时运输队"。只见他们并肩排成一排，一齐把铁锹插入雪堆的底部，喊着"一，二，三！"便使劲儿地推起来。

30. 修操场的场面

我们班的任务是整修高低不平的操场。老师一声令下，同学们个个犹如猛虎投入了战斗。看，十几把铁锹上下挥舞，十几个簸箕来回传递，十几辆小推车穿梭般地南来北往，操场上，处处呈现出一派生龙活虎的景象。

张健、王产干得满头大汗，头上冒着热气。只见他俩手握铁锹，脚跟用力一踩，铁锹直插入土层，双臂一使劲，一锹土铲起来，往低洼处一扬，随后收回铁锹又去铲土。汗珠不断落下，"小高地"渐渐被他们消灭了。"叮当"，石尖与铁锹撞击声吸引了我。只见赵力把铁锹放在一边，抡起了镐，向渣土层发起了更猛烈的进攻。随着"叮当"声，坚硬的渣土层被镐松了，小队长看看这些土，便叫人架起了筛子，自己与赵力筛起土来。这一下，砖头、瓦块被筛出来了，堆起了一堆，等待着"运输队"把它们送走……

大操场上，男同学一个个冲锋在前，一马当先。女同学个个不甘落后，紧追向前。一条条鲜红的领巾胸前飘动，多像一团团熊熊燃烧的火焰呀！

31. 除草

就要开学了，同学们看见操场上满地草，就下狠心要把草除尽。劳动开始了，同学们个个像小老虎，弯下了腰，双手抓住了草，用力地拔。有的草很听话，只要轻轻一拔，就连根拔了出来，可是有的草像在泥土里安了家，怎么也不肯走，同学们用力抓住使劲拔，还是拔不掉。后来，几个小伙伴来帮忙，一双双小手抓住那根草，使劲地拔，一张张涨红的脸，像一只只熟透的苹果，只听见"啊"的一声，那根草终于被拔了起来。有的同学随着喊声倒在泥地上，四周的小朋友看见了忍不住哈哈大笑起来，多带劲啊！不多一会儿，同学们把操场上的草全部拔掉了。

32. 初下厨房

时钟到了点，他走进厨房，把妈妈的围裙系在腰上，舀了一碗米淘好，放在一个铝盆里。他洗好藕，拿起菜刀，先把上面的粗皮刮了下去，露出白生生的藕肉来。然后，他把藕放在菜板上，准备切成薄片。可是，藕是圆滚滚的，很不好切，不小心就会伤了手指。猛然，他想起妈妈切胡萝卜的办法，举刀把藕破开两半，切起来果然很省力。

33. 炒鸡蛋

我小心翼翼地从冰箱里拿了5个鸡蛋，学着妈妈的样子，把它们个个敲破，清和黄倒在碗里，又放好了佐料，然后拿起筷子使劲地搅动着。这边我又忙着把锅放在煤气灶上，点着煤气，锅里放上油，只见一会儿的功夫，油沫已经消失了，我连忙把搅好的鸡蛋放进油锅。随着滋滋啦啦的响声，锅里出现一个圆圆的饼。嘿！真漂亮，多么像盛开着的向日葵。得把它翻个个，哎呀！铲子哪里去了，我急得犹如热锅上的蚂蚁团团转，忽然，我想起了老师说过的话，遇事要沉着。于是我准备把锅端下来，至于铲子总会找到的，这一端不要紧，我忘记了锅边是热的，把中指烫了一下，我捂着受伤的手指，责备着自己：遇事还是不沉着。

一盘金黄色的炒鸡蛋终于做成了，我越看心里越高兴，因为这是

41

我三年来的第一个杰作啊！

34. 做菜

　　轮到我了。我洗了洗手，拿起一棵洗净的白菜，慢慢切起来。切好了菜，我打了两个鸡蛋，细心地和了和，倒进直冒烟的油锅中，接着，我又找盐，又找酱油，忙得不可开交，头上冒出了汗珠。加上妹妹站在旁边，我心里更发慌。功夫不负有心人，经过我的努力，一盘香喷喷的鸡蛋炒白菜"诞生"了。可妹妹却偏使我不高兴，她连闻都不闻，就说："不好吃，你做的一定不好吃。"气得我大声说："就你行，看你的。"这下妹妹不吱声了，因为她呀，是个"白食家"。但机灵的妹妹眼珠一转说："光有菜不行，咱们大家一起动手来做一锅焖米饭。"她故意把"大家一起动手"几个字说得很响亮。

35. 擀饺子皮

　　上星期天，家里包饺子，我自告奋勇提出自己要擀饺子皮。我把和好的白面捏得又细又长，再一小段一小段地截下来，丢到案板上。我迫不及待地拿起一小段白面就毛手毛脚地擀起来，不知怎么搞的，饺皮一会儿像鹅蛋一样扁圆，一会儿像小鸡一样两头翘，一会儿又像癞蛤蟆身上的疙瘩，凸凸凹凹的，可就是擀不圆。我想："这擀面棒怎么不听使唤？"忽然，饺子皮粘在擀面棒上擀不动了。妈妈说："应该撒上点面粉再擀。"唉，这张饺子皮没成功，我有点泄气了，慢吞吞地把粘住的饺子皮剥下来，妈妈似乎看出了我的心思，语重心长地对我说："没关系，这是第一次，慢慢就学会了。"说着，拿起一小段白面，耐心地教给我擀饺子皮的方法，我牢牢地记在心里。我重新拿来一段白面，左手轻轻地挪动着饺子皮，右手轻重有致地擀着，爸爸一边在桌上撒些面粉，一边嘱咐我："皮不能太厚，也不能太薄，应该中间厚，边上薄。"在妈妈爸爸的指导下，我擀好了第一张饺皮，妈妈看了满意地说："擀得不错！"我满怀信心地擀好了第二张、第三张、第四张，渐渐地，我的速度提高了，并且越擀越好，一段段白面在我手中变成一张张精致的饺子皮。

36. 搞卫生

　　我俩决定做的第一件事是擦地板，我负责把凳子架到饭桌上，用扫把扫天花板上的灰尘，弟弟负责接水。可没等我发命令，他就把水冲了一地，只见床下的鞋子"游"出来了。我连忙大喊："抢救鞋子！"弟弟紧张地把鞋子"抢运"到另一高处。我赶忙拿来竹扫把洗地。可没一会儿，弟弟又在旁边大喊了："该我擦了，快给我扫把。"我俩争着轮换擦地，开始几个"回合"。我们还真像猛虎下山，可干着干着，我们就双臂酸软，慢慢地就像一个泄了气的皮球。我们不得不宣布"战斗"暂停了。

　　休息了一会儿，我们又开始洗衣服。我们都抢着洗大人的衣服，因为我们自己的衣服太脏了，搓来搓去，就是不干净，难怪妈妈平时一洗我们的衣服就生气。

37. 理发

　　我开始给坐在矮凳上的爷爷理发了。我学着理发师的样子，用左手轻轻地扶着爷爷的头，先从额顶开始剪，"咔嚓，咔嚓"推剪过去……爷爷见自己银灰色的头发茬散落在地上时，乐得合不拢嘴了，笑

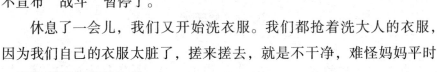

得头忽高忽低。我一乐，"哧"的一声理发推子夹下了爷爷的几根头发。我觉得血一下子都涌上了自己的脑门，涨红着脸问爷爷："疼吗?"爷爷摸了摸了头说："不碍事，推吧!"我瞪大眼睛用牙咬着下嘴唇，专心地一下一下地推着，生怕再夹住爷爷的头发。

　　一会儿的工夫，爷爷的头上只留下脑后的一小片头发没理了，这可是难推的地方，因为我每次自己理发都怕理脑后，那痒痒劲儿，总使我忍不住"咯咯"地笑几声，我轻轻地把推子竖起来伸进爷爷的脑窝重复推几次，总算把里边的头发推净了。

38. 钉桌子

　　我敲了几下，钉子"纹丝不动"。没用劲怎么的? 哼! 你等着。我憋足劲，"当"的一下，哈哈! 钉进去了，不好，我仔细一看，钉是钉进去了，可是钉歪了，钉子尖从桌盖下面的木板上斜钻了出来，好像一个顽皮的孩子呲着小虎牙向我笑呢! 我扫兴地一屁股坐在凳子上。

39. 洗手帕

　　她先把手帕浸到水里，在水里搓了又搓，接着擦上肥皂，再搓，直搓得手帕上堆满了肥皂泡，才把手帕浸到水里漂洗干净，最后再把它拧干。要准备晾了，她把手帕抖开了看，哟! 四角还是脏的。于是她又把手帕浸到水里，在四角上重新擦上肥皂，再一次搓洗，这下脏手帕真的洗干净了。她把干净的手帕晾在身后一根细细的绳子上。

40. 割麦的场面

麦子熟了。金黄的麦浪，一眼望不到头。

村边路旁的几块麦地里，小伙子们挥动着镰刀，不知疲倦地忙着抢收。看到今年的麦子长得这样好，麦穗沉甸甸的，他们一边割麦子一边笑。在割过的麦地里，小学生一字排开，每人挎一只小篮，蹲在地上拾麦穗。他们那么仔细，那么认真，要让丰收的麦子颗粒归仓。

41. 放羊的场面

"小调皮"看见我去赶它，就没命地往山上跑。我好容易才追上它，拦住了它的去路。"小调皮"低着脑袋向我冲来，要跟我打架。我才不怕它呢！冲上去抓住它的两只角，它一步也不能前进了。可是我也不能放手。过了一会儿，我的手有点酸了，刚一松劲，它就用力顶我的肚子，把我顶了个仰面朝天，撒腿就跑。我火了，爬起来就去追它，可是左追也追不上，右追也追不上。我的力气用完了，它还在野地里闯来闯去，怎么赶它，它也不回去。

算了吧，随它去吧！我坐下来喘着气。"小调皮"像是故意逗我。我一坐下来，它也停下来啃路边的小草；我刚站起来，它又跑了，还朝我"咩咩"地叫。

它逗我，我也气它，我学着它"咩咩"地叫了几声。没想到它望了我一眼，也叫了几声，还朝我走近了几步。我忽然记起来，金牛哥往常就是这样呼唤它的。我就学着金牛哥的样，"咩咩"地叫。这一下可真灵，"小调皮"跑到我身边来了，也"咩咩"地叫着。

我拔了些青草，哄着"小调皮"往前走，好半天才把它带进了羊圈。我高兴极了。"小调皮"也挺高兴，因为它又回到羊群里来了。

42. 修路

一天下午，我们开始了修路的战斗。天气闷热闷热的，没有一丝风，太阳像个大火球烤着大地，小鸟躲在树下乘凉。几块乌云偷偷在东南的天边上蹲着，不知在打什么主意。我和伙伴们欢天喜地地忙碌着，汗水顺着脖子、脸往下淌，衣服都能拧出水来！刘悦拿了个铁锤在地上钉上几个橛子，又用小线拉出了几条笔直的线，这就是他绘制的路的蓝图。朱振忠带着我们几个队员手握铁锹清理着路基上的破砖烂石，填平坑洼。

个大体壮的小华卷起裤筒带着运土小队，推着小车，弓着身拉来一车车三合土，一锹锹地铺在路基上。不知从什么时候起，参加到我们行列里来的其他中队的同学越来越多了。我们弯着腰抱来了一摞摞的砖，整齐地放在路基上边。这时，朱振忠和我们几个又拿着瓦刀、大铲，成了"瓦匠师傅"了。我们把砖平平整整地铺在路基上，一条平坦的路渐渐地向前延伸着。

43. 放鹅

吃过晚饭，我和邻居家的孩子一起去放鹅。

我们赶着鹅来到离家不远的一个池塘边。池塘里的水真清啊！清得可以看见水底的石头。池塘里的水真静啊！静得像镜子，倒映着瓦蓝的天空，雪白的云朵。鹅见到水，就高兴地伸长脖"鹅鹅鹅"地叫着，边跑边扑打着翅膀，一下子跳了进去。霎时，飞溅的水珠在夕阳的柔光中跳跃。鹅在水里追逐着，戏耍着。它们时而用翅膀"啪啦啪啦"地击打着水面，好像马上要飞向天空；时而又收起翅膀，轻轻地划动着脚蹼，缓缓地向前游去。

44. 洗杯子

我一边用手搓着玻璃杯上的污处，一边禁不住暗自想道：有意思，我天生就懒，什么事儿都是让爸、妈催着才干，只有洗玻璃杯，我从来都是主动去干的。为什么我就喜欢这项劳动呢？我也说不清。也许是玻璃杯碰撞的声音能给我带来音乐声的"灵感"吧！我常常是一边洗玻璃杯，一边轻轻地哼着"自创"的歌子。也许是我更加偏爱纯洁、透明的东西吧，我望着这些干净、透明的杯子，常常想象着：自己的心是不是也像它们那样纯洁，真恨不得把自己的身体也变得像它们那样透明，让每一个人都能清晰地看见我那纯洁的心。

45. 摘棉花

这是我家的 6 亩棉花，棉花长得杆粗枝壮，棉桃大的像小馒头，雪团似的棉花像白云铺地，把这里装饰成银色的世界。霎时，我们都沉浸在棉海之中，眼睛眨也不眨，双手忙个不停，谁也不说一句话。这时，抢在我前边的姐姐对我说："眼要瞅准，三个指头要捏紧，拽时要狠，这样既快又干净。"我照着姐姐说的办法去摘，越来越得心应手。20 分钟、30 分钟过去了，我渐渐地追上了姐姐。摘呀，摘呀，棉花袋鼓鼓的了，又换上了竹篮篮。就在这时，妈妈说："停一停，休息一会儿。"可是今天，我和姐姐都有点耳朵硬，没听妈妈的话，仍然低着头，弯着腰，双手如同穿梭一样，一阵紧似一阵，像比赛似的。妈妈也没发火，望着我们笑笑，又弯下腰摘起来。

46．收玉米

来到我家的地里，只见那成熟的玉米调皮地插在玉米棵上，好像在和我们挑战。看到这情景，我和爸爸便走进地里，掰起玉米，哥哥则在后面用镬头砍玉米棵。

说起掰玉米，可也够费劲儿呢！有的玉米挺脆，稍一使劲，便掰了下来，但有的玉米却挺顽强，即使用大力气拼命地往下拽也掰不下来，急得我脸上渗出汗水。爸爸望着我着急的样子，微笑着说："小梅，碰到这样的玉米，你不要着急，先用手攥住玉米，然后使劲儿拧，拧紧以后，再用力一拽，就掰下来了。"我照着爸爸说的办法去做，果然生效。回头一望，只见哥哥左手抓住玉米棵，右手举起镬头，使劲地砍着玉米棵，一棵棵玉米棵倒在了他的脚下。

47．看花展

星期天我去看花展。进了公园门，步步登山。看花的人接踵摩肩，多极了。向高处看去，隔着密密层层的绿阴，只见一片红云望不到边际。这时候，什么苍松啊，翠柏啊！都挽不住游人。大家一口气攀到最高峰，淹没在海棠花的红海里。后山一条大路，两旁都是海棠，每棵树都在微风中炫耀着自己的鼎盛时代，每一朵花都在枝头显示着自己的喜悦心情。有风，花在动；无风，花也潮水一般地动。在阳光照射下，每一片花瓣都有它自己的阴影，就仿佛多少波浪在大海上翻腾。你越看得出神，就越感到这一片花潮正在向天空、向四面八方伸张，好像一种生命力在不断扩展。而且，你可以听到潮水的声音。谁知道呢，也许是花下的人语声，也许是花丛中蜜蜂的嗡嗡声，也许什么地方有黄莺的歌声，还有什么地方送来看花人的琴声、歌声、笑声……这一切交织在一起，犹如海上午夜的潮声。

48. 玩具展览

国庆节那天，妈妈领我到向往已久的上海玩具展览馆参观。

一进门，那琳琅满目的玩具真把我看花了眼。展览馆左面陈列着五颜六色的积木玩具，旁边还有一些花花绿绿的儿童车；右面是"军事玩具"，有飞机、大炮、军舰、坦克等，还有用红蓝胶泥做成的大小模型。

展览馆最后一部分是"未来世界"的玩具，有机器人、电动火箭、电动飞船、太空人等。最吸引人的是红色机器人，它身上穿着红色大衣，方方正正的头上，嵌着两个碧绿的大眼睛，忽闪忽闪的。它腰中还有一个活螺丝，上身可以转来转去。这时，机器人两手握着电动开关，熟练地操纵着各种电动玩具。看了它的这些既机械又快速的滑稽动作，我的手也不由自主地模仿起来。嗨，真是好玩极了！

49. 看烟花

明天就是元旦了。刚吃完晚饭我就迫不及待地拉着妈妈的手来到大操场看烟花。

只听"嗖"一声，一个烟花被点燃了。从里面喷出了五六颗魔术弹来，把天空染成红色、黄色……五六颗魔术弹的光柱交织在一起，颜色各异，形态万千，仿佛交织成了一张一张彩色的光网。在光网的照映下，大操场显得更加美丽了。小孩子们蹦呀、跳呀，好像吃了许多蜜糖一样。

50. 逛游乐场

呀！这里简直是儿童的世界。一个头扎蝴蝶结的小姑娘坐着电雪橇，"哧溜"一下向前滑去。爸爸、妈妈们望着自己的孩子坐着电动椅，脸上露出了笑容。欢声笑语洒满了游乐场。"坐观览车去！"小伙伴们不约而同地说。那架观览车竟有 32 米高，坐上去就像登上 12 层楼房。走进观览车，坐在椅子上，我的心一个劲地咚咚地跳。观览车渐渐升高了，它自动地转向西、北两面，这时眼前出现了一片乡村的风光：山坡松柏苍绿，湖水像展开的绿绵缎，田野里是绿色的蔬菜。那辆拖拉机变得那么小，它正在突突突地朝前跑哩！观览车渐渐地升到最高层，车厢又转向东南面。哟，这里又是一番截然不同的景色：一排排高耸的楼房，整整齐齐地排列在大道两旁，宽阔的街道上一辆辆小汽车向前奔跑，远处绿树掩映处是紧张繁忙的工地，一幢幢楼房拔地而起。观览车慢慢地停止了运转，稳稳当当地停下了。我走下车厢长嘘了一口气，刚上车时的紧张劲儿不知怎么得无影无踪了。

51. 天安门广场升旗

我们是坐地铁去天安门广场的。到了那里，我发现晨曦中已经有许多游客在等候着这激动人心的时刻。这时，从天安门城楼里走出了一支整齐的队伍，他们就是国旗护卫班的武警战士们。他们端着冲锋枪，高举国旗，迈着威武矫健的步伐，朝升旗台走去。嘹亮的国歌响起来了，只见旗手把系在电动旗杆绳上的五星红旗迎风打开，国旗在国歌声中慢慢地升起来。武警战士以及观看升旗的解放军向升起的国旗庄严地敬礼，周围观看的人们也都专注地看着国旗在空中飘扬。

此时此刻，我的心情非常激动。啊！多么壮观的场面。那飘舞在晨空中的五星红旗，就像祖国母亲的大手，在召唤着我们，希望我们这些祖国未来的小主人快快长大，早日成为国家的栋梁，为建设二十一世纪的中国作出新的贡献。

52．登长城

这天，阳光灿烂，游人如织。下了汽车，我随着人流上长城。城墙上平整宽阔，五六匹马可以并排奔驰。城墙外垛口相连，每隔三五百米便有一座凸起的城楼（又称烽火台），远望像耸立于山巅上的一支支利剑，直射云天。城楼分上下两层，下层可容纳十余人住宿并储存所用的武装。上层是平台，四周全是垛口。站在城楼上，观望八达岭群山，只见山峦重叠，巍峨险峻。在这万山丛中，只有这一道关隘可通塞外。过去听过："居庸之险不在关，而在八达岭"，今日亲临目睹，这里确有"一夫当关，万夫莫开"的气势。

我终于登上了长城的最高点。站在高高的城楼上，居高临下，极目眺望，大好河山尽收眼底。只见群山苍翠，葱笼蓊郁，长城在叠翠而险峻的山上，逶迤远去，一直伸向远方，与碧空相接，更加显得气势磅礴。现在我看它，不再是翘首欲飞了，而是一条有生命的、探首天际的巨龙，正在翻山越岭向前飞腾。

53．观赛马

比赛的地点在广阔无垠的草原上。赛场周围围满了观众，就连白发苍苍的老人也蹲在草地上观看。观众大部分是来自各县的"拉拉队"。有的人手里捧着哈达，有的人手里提着青稞酒壶。大家都紧张地等待着比赛的开始，盼望着自己的赛手获得胜利。

健壮的赛手们穿着崭新的藏袍，骑着骏马，个个精神抖擞，威风凛凛，整齐地排好队伍站在那里。只听裁判员一声哨响，马像离了弦的箭一样，奔驰向前，你追我赶。这时，场上观众也情不自禁地喊着："加油！加油！"顿时，加油声、鼓掌欢呼声、马蹄声响成一片。草原上万马奔腾，观众的情绪也沸腾了。

人们为胜利者祝贺，给他们献上了哈达，敬上青稞酒。为了庆祝他们的胜利，大家欢乐地拉起手。一面跳舞，一面唱歌。通宵达旦地狂欢。

第二天再进行拣哈达比赛。在每隔 5 米处，放一条哈达，谁在飞奔的马上拣得多，谁就是胜者，这场比赛最引人注目。

比赛开始了。只见一个身穿黑色藏袍的小伙子一马当先。他一边策马，一边左手紧紧抓住马鞍，一只脚踩着马镫，身子斜下来，右手飞快地拣起地上的哈达。人们为他鼓掌喝彩，有的赛手不慎从马上摔下来，也会很快纵身上马去拣哈达，动作敏捷，十分顽强。

那位穿黑色藏袍的年轻人拣到的哈达最多，他终于成为优胜者。人们按照风俗习惯，给他献上哈达，敬青稞酒。

54. 看风筝展览

同学们看着这些艺术品，赞不绝口，这个说："做风筝的人手可真巧啊！"那个说："那个大老鹰做得多像呀！飞起来肯定跟真的一样，手艺真高！"

正说着，忽听一个同学喊："快看这是什么玩艺儿。"

我顺着他手指的地方一看，只见高高的屋梁上挂着一个我们没有见过的巨型怪物，它那用长长的彩绸做成的身子一直垂到半人多高的地方，又顺着一根铁棍向前卷了三、四米，好像要展翅高飞。

55. 家乡太平鼓

正月十五那天，全县的社火队都到县城来会演，整个县城非常热闹。街上几十个社火队在表演，两旁站满了观众。鼓队人员的服装各不相同，有的是红的，有的是绿的，五颜六色。随同太平鼓队的，有"狮子"，有"猪八戒"，有铁芯子等等。打鼓的人是年青力壮的男人，但也有女人。铁芯子全由小孩子装扮，绑在铁架上，让大人们抬着走，或者用拖拉机拉上走，他们穿的衣服非常好看。听爷爷告诉我，每一台铁芯子就是一个历史故事。

每一个鼓队都有一个指挥者，锣鼓队里的人都看他的作势来表演。他们一会儿跳起来打，一会儿又走着打，还能摆出各式各样的队形。鼓队整齐，鼓声悦耳，真是又好看又好听，叫人眼花缭乱。

56. 参观灯展

我和同学们又观看了"科学太空城"，"航天飞机发射"，"孔雀开屏"……突然，一声虎啸传来，我们忙向发出声音的地方挤去。也不知道是哪位同学惊讶地说了一句："嗬！这虎灯做绝了。"我们走近它，它的脑袋就来回地摆动，像是在欢迎我们；我们远离它，它就大声吼叫，好像是被激怒了。那灯泡做成的眼睛闪闪发光，围着看它的人特别多，有的还用照相机给它拍照。随着它变换的姿态，人们发出阵阵欢笑，把它的邻居气坏了，不信你看那条"游龙"的样子：遍体金黄色，在灯光的反射下，发出一道道金光；它的眼睛是用绿灯泡制成的，发出耀眼的绿光。这时，红绿掩映，是多么艳丽。"龙"的嘴里吐着烟，身体摇晃着，爪子在不停地挥舞，好像是在云雾里飞腾。我看看周围的同学们，只见他们一个个都目瞪口呆，双眼紧盯着这条栩栩如生的龙。看来这条"龙"跟那"虎"一比，"虎"就逊色多了，看到这条"龙"，我想到了祖国，祖国不是正在四化建设的道路上飞奔的一条龙吗？

57. 节日的菜场

　　节日的菜场真热闹。菜场里，人山人海。叫卖声、车铃声、讨价还价声汇成一片，好像在演奏一首欢庆节日的乐曲。人们怀着节日的喜悦心情，喜气洋洋地走进菜场购买自己需要的食物。

　　菜场里的东西可真多啊！有青菜、芋头、螃蟹、猪肉、羊肉、大龙虾等等。听，"卖青菜喽！新鲜的菜哦，小孩子吃了长身体，年轻人吃了更强壮，老爷爷吃了长新牙，快来买哦!"一位老爷爷正在使劲地夸自己那筐碧绿的、带着水珠的青菜，在他的旁边是一只装着大龙虾的箱子，一只只红色的大龙虾在箱子里爬来爬去，它们好像也被这节日气氛感染，想爬出来凑热闹呢！旁边还有卖鱼的，一条条活蹦乱跳的鲤鱼、草鱼等，在灌满水的箱子里游来游去，嘴里还吹着一个个小泡泡。看，那边人们都围在一起，在干什么？哦，原来在买螃蟹。瞧那螃蟹椭圆形的身体，灰褐色的，两旁各有五只爪子，特别是前两只大钳子，张牙舞爪的，令人望而生畏，但是顾客还是排起了长长的队伍，轮流买螃蟹。不一会儿，螃蟹就卖完了，售货员脸上露出了甜甜的笑容。瞧，那位胖阿姨，她一手提着放满新鲜蔬菜的篮子，一手还拎着一只大母鸡，兴致勃勃地回家去过节。还有那位叔叔，他的自行车篮子里装满了丰盛的菜肴，车头上还挂着一条活蹦乱跳的大鲤鱼呢！他喜洋洋地赶回家去。

58. 秋游

图画中，走来一群群欢乐的人们，有白发苍苍的老人，有欢蹦乱跳的孩子，自然，更有许多朝气蓬勃的年轻人，他们到哪里去呢？噢，原来是去秋游。看吧！在公园里，在草坪上，在大树旁，在湖边……有多少人手提照相机在"咔嚓""咔嚓"地拍照，有多少人打开录音机让歌声伴随着秋风飘荡。那是哪个学校的"红领巾"，正在采集标本，他们小心翼翼地拾起落在地上的一片枫叶，夹在本中，大概是想留下秋天的记忆吧！那几位身背挎包，手提旅行袋的游客，可能是刚从外地来的吧！你看，他们还没顾得上喝一口水，就风尘仆仆地来到北海、香山、颐和园，脚步是那样匆忙，脸上充满兴奋和喜悦。啊！我明白了，他们和我一样喜爱北京的金秋。为了饱览美丽的秋色，竟不忍浪费一点点时光！……

59. 游老虎滩

清晨，很早我们就启程了，来到老虎滩公园。我们登上游艇，饱览自然风光。小小游艇在苍茫的大海上，一会儿被推进波的深谷，一会儿被涌向浪的峰巅。风越来越大，浪越来越高。海风吹来，冷嗖嗖的，浪花在海风的吹送下，变成无数晶莹的水珠，打在脸上、脚上，顿觉清凉滋润，沁人心脾。远处的小岛，近处的山石、峻岭渐渐向后驶去。我们所期望的棒锤岛近在眼前了，因它形如棒锤，故此得名。岛上光秃秃的，却有许多石洞。最后，游艇绕过棒槌岛返航了。

60. 庙会

这不，三月三又到了。大街上的人熙熙攘攘，络绎不绝，一个个都喜气洋洋。大街两旁摆满了小摊，货物琳琅满目，应有尽有。小贩们兴高采烈，大叫大喊，夸说着自己的货物怎样怎样好。人们围在小摊旁，争执着货物的好和坏，忙着买东西。大街两头各有一台大戏，戏台前人山人海，大家都在全神贯注地看戏，遇到唱得好时，便拍手喝彩。旁边还有外乡人到这儿表演挑花篮儿，这些挑花篮儿的大都是老年人，她们虽然已是年过花甲，但一个个仍然老当益壮。她们的表演博得了观众们的一阵阵掌声，那些花篮编得就别提有多好看了。那边还有说书的，他们那滑稽的动作，幽默的语言，逗得大家捧腹大笑，那就别提有多热闹啦！人们一直狂欢到深夜才离去。

61. 游孔庙

棂星门，是孔庙的第一个院落。院内苍松翠柏，郁郁葱葱。再往里就是圣时门。

穿过圣时门，迎面有一条东西横贯的透明的白带子。啊，河！真没想到孔庙里会有河。我带着好奇心快步走上造型古雅的小木桥，往下看，清清的河水，上面还漂着几朵花，顺流而下。那些小金鱼儿在水中游来游去，时隐时现，有趣极了。

62. 游潭柘寺

走进寺门，一座金碧辉煌的宫殿首先映入眼帘。朱红色的墙壁，墨绿色的琉璃瓦殿顶，檐下正中挂着一块普蓝色镶金边的竖匾，上面嵌着"天王殿"三个斗大的金字。金框上的五条蛟龙造型奇特。顶上的那条龙，抖动龙须，张牙舞爪；左右两边的龙瞪着眼，保卫金匾；底下的两条龙翻腾滚跃，戏弄着一颗金光闪闪的宝珠。

走进殿门，可以看见殿堂中央供奉着一尊雍容大度、笑容可掬的金色弥勒佛。他挺着大肚子，手中拿着一串佛珠，似乎在为人们祈祷呢。向左右看，便见形象生动的四大天王塑像威武地肃立在大殿两旁，红脸的、白脸的、蓝脸的、青脸的，一个个头戴金冠，身披金甲，脚蹬虎头战靴，佩着青龙剑，手拿红罗伞，舞着三头蛇，横眉立目地站在那里，守卫着大门。

63. 市场一瞥

今天天气真好，风和日丽，虽是初春，却没有一丝寒意。

吃过早饭，我踏着自行车来到街上。我在农贸市场，饶有兴致地"参观"。

"喂，老伙计，你得了什么诀窍，这么早就培植出了又红又大的西红柿？"我斜睨了一眼，问话的是站在我身边的一位老人，约摸60来岁，满面笑容正等着回答问题。这边卖西红柿的得意地说："嘿嘿，老兄，不瞒你说，现在党的富民政策在农村已扎根，农村小伙子已不再去城里打临时工。我的小儿子两年前高中毕业后，就开始研究培养蔬菜的技术啦，这是他在温室里种的西红柿，还不错吧！"

过去只听说农贸市场搞得挺活，今日一见果然热闹非凡。买者精挑细拣，卖者争相斗奇。

农贸市场的各种叫卖声此起彼伏，真是热闹。从这市场的一角，足以看到我们农村的新风貌。

64. 断梁殿一游

　　抬头望去，一大殿屹立于眼前，殿门上刻有醒目的三个大字——"断梁殿"。字迹似乎有些模糊，但仍刚劲隽永，人们可以从中推知它的历史已很长了。我和姐姐嘻笑着奔进殿中，想了解个究竟。不看不知道，一看吓一跳。我仰头一看，嘿！这殿的中心梁是两根木头连接而成的，粗看确有"断梁"之感。我把头一缩，吐了吐舌头，说："这殿的中梁怎么会断的，会不会倒塌？""哈，这么多年都挺过来了，这会儿还会塌？"姐姐开玩笑似的说。"真的吗？这是什么时候建造的？太了不起啦！"敬佩之情油然而生。"这你还不知道？这是元朝时建的，这两根木头的连接处没有用一根钉子。"姐姐一字一板地说，她的口吻是如此自豪，脸上绽开了幸福的笑容。我摸着殿中的建筑物，不禁若有所思：是啊！每一个有民族气节的志士都会为我们的祖先所创造的光辉成就而感到自豪，每个有爱国之情的仁人都会为先人的伟大而感到光荣。我们是炎黄的子孙，难道我们能无所事事，辜负祖先、人民的期望吗？不，……"想什么？走！"姐姐的话打断了我的思索，我猛然"醒"了过来，拉着姐姐的手向前奔去。

65. 参观蜜桔园

　　登上台渠，举目眺望，一幅桔园美景图展现在我们眼前。一片葱绿的桔林像碧绿的绒毯一样，上面镶着玛瑙似的蜜桔，蜜桔累累，压弯枝头。桔林围渠边上，一排垂柳，柔枝拂水；渠中绿水清清，长满荷莲。桔林尽头，有五幢瓦房。

66. 游动物园

当我转到另一列兽舍时，冷不防一只大熊朝我扑过来。我惊出一身冷汗，拔腿就跑，随即定神往回一看，哦，原来是一只大熊直立着，身子正趴在铁栅栏上。唉，真吓我一跳。它正把胖脸蛋贴在栅栏上，傻乎乎地望着我呢。我也好奇地打量着它。这只熊浑圆结实，像一堆肉团子，披着一身光滑油亮的棕色皮毛，怪不得叫它棕熊呢。我望着棕熊硕大的躯体，发达的四肢，威严的姿态，确实难以想象出哈萨克牧民是怎样与它们殊死搏斗而使它们蹒跚败北的。这时，那只棕熊突然张开大嘴，伸出血红的舌头，睁着亮晶晶的眼睛望着绵亘的远山。它大概是嫌这房舍太闷热了，想回到那莽莽苍苍的森林中去享受自由自在的生活吧！

67. 观赏石刻

在大成殿的东西两院里，陈列着历代的二千余块石刻。这些石刻，内容十分丰富。我走到一块石刻前面，见雕刻的是"围猎图"。石头是黑色的，雕刻的线条是白色的。图面上，两只梅花鹿在前面惊惶失措地狂奔，后面有三条犬狂叫着，紧追着梅花鹿；两个猎人在拉弓搭箭，准备射梅花鹿。这幅画表现了生机勃勃的狩猎景象。这些石刻的技法，有的细致精巧，有的粗犷奔放。它们是反映当时中国社会生活的珍贵资料。

68. 游张家界

在这千山万壑之中，金鞭岩更有诱人的魅力。吃过午饭，我们就迫不及待地去游金鞭岩。从住地沿着清澈透明的溪水而下，走里把路，就到了金鞭岩。这岩三面垂直，高 300 多米，突兀挺立，直刺云天。在夕阳的辉映下，金鞭岩金光灿烂，十分壮观，岩顶上挺拔的古松，伸出长长的手臂，好象在欢迎我们这些小游客。据传说，金鞭岩是秦始皇的赶山鞭，龙王怕他赶山填海，就派女儿来到人间，乘秦始皇睡觉时，用假鞭将真鞭换走了。后来秦始皇赶山不动，一气之下把鞭子插在地上，就成了今天的金鞭岩。

第二天，我们整队向黄狮寨挺进。从林场出发，沿着绿阴下的石阶而上，来到"娱乐台"。这"娱乐台"像个大屋檐，站在檐上往下看，眼前好一个碧绿世界。顺着"屋檐"的右角望去，只见一座青山石傲然挺立，陡得连猴子也爬不上去。青石顶上好像搁着个精致的小匣儿，传说匣里装着世上罕见的"天书"，因而取名"天书宝匣"。旁边的"护书"卫士——松树，在不分昼夜地守卫着。大家看了，连声赞叹说："真像！真像！"

69. 玉渊潭

一天下午，我跟着老师到玉渊潭观赏樱花。

百闻不如一见。进了公园大门，但见几十株樱花树整整齐齐地栽成四排。有的繁花满枝，像粉红色的云霞；有的花谢了，树杈上又抽出片片嫩绿欲滴的树叶，每一片树叶都好像刚从树上吐出来，春风还没有把它们唤醒似的。叶子的边是齿轮形的，仿佛它要用那锯子般的身体来保护盛开着的樱花。樱花的花蒂像个小喇叭，一个花蒂可以开出两朵或三朵花。每朵花有 5 个花瓣，花瓣都像桃子，黄色的花柱上顶着像小绒珠似的花蕊。樱花在含苞欲放时是粉红色的，绽开后是浅红色的，等到完全开了，甚至有点凋谢了的时候，就变成白色的了。

一只蜜蜂飞来，在花蕊上不停地吮吸着，一会又飞到另一朵花上……樱花园内春风徐徐，落英缤纷，谢落的花瓣随风飘落，像是翩翩起舞的蝴蝶，又似天女刚把它们从空中撒下。

70. 观海

到北海市时，已是下午4点多钟了。我顾不得乘车的疲劳，急不可待地就要去看海。妈妈只好带着我匆匆来到海边。啊，大海！阳光照射着海面，闪烁着耀眼的光芒。天是蓝的，海也是蓝的。天连着海，海连着天，浩瀚无际，多么壮观啊！我睁大眼睛仔细看，远处和近处的海面上颜色是不一样的：有深蓝的，有淡青的，还有深绿的，淡绿的，更有杏黄的呢！一块块一条条交错着，五光十色，异常美丽。海风一吹，波光粼粼，更加耀眼夺目，宛如一块闪着异彩的宝石。我被这美景迷住了。

潮退下去了。一阵海风吹来，只见远处出现了一道道银链，像奔腾的骏马，飞快地冲上沙滩，又"哗啦"地退下去了。瞬间，便露出了一大片金灿灿的沙滩，留下了许多贝壳。大海像是在说："让这些贝壳去点缀人们的美好生活吧！"我情不自禁地拉着妈妈跑到刚退潮的海滩上。海滩上的沙子细细的，软绵绵的，踩上去可舒服啦！海滩上布满了各种各样的贝壳，我高兴地拣起贝壳来，红的、白的、花的、黄的，五彩缤纷，真使我眼花缭乱。我忙着拣啊，拣呀，我的衣袋装满了，妈妈的提袋也装满了……

71. 游三游洞

我从老师手中取过门票，便三步并做两步地走进了三游洞公园。

按老师的安排,我们分成两路,从左右两边游览三游洞。三游洞在半山腰,上面是刀削一样的悬崖峭壁,洞下边的悬崖直插长江水中。我们顺着一条一米来宽的"之"字形小径,绕进了三游洞。这洞很宽敞,可以容纳100多人,洞顶上的水一点一点滴在地上。洞内正中立着3尊石像,一位女讲解员告诉我们,左边的是李白,中间的是陆游,右边的是杜甫。顿时,我不禁吟起了"朝辞白帝彩云间……"的诗句来。我环顾左右两边,还有很多大大小小、高高矮矮的石像,都雕刻得十分精巧,这些雕刻充分表现了我国古代劳动人民的智慧和技艺。洞外的石壁上刻着许多题词和诗句。我走过去仔细地看,可一个字也不认识,因为都是用繁体字写的,有的还画了许多圈圈点点,我猜不出是什么意思。

走出三游洞,来到望江亭。望江亭矗立在长江北岸,是3年前才修建的。游人都想登上居高临下的望江亭,好饱览西陵峡的风光。所以,亭子里游人总是挤得满满的。我使劲地挤了进去,看见亭子右侧有一个大平台。我仔细一看,原来是擂鼓台,擂鼓台旁边有一座5米高的张飞的塑像,粗腰长腿,一双眼睛炯炯有神。他望着江心,手握木棒,好像正在击鼓。这时,我忽然想起张飞当年称雄于长坂坡的故事来。当时,他站立在桥上,大吼三声,滚滚江水立即倒流的景象,好像又浮现在我的眼前。这时,集合的哨声打断了我的思路。我看见老师正在山下等着我们。于是,我便急忙下山。

72. 龙亭游记

　　开封的龙亭是我国古代建筑史上一颗耀眼的明珠。百闻不如一见,去年暑假,我有幸和妈妈一起游览了龙亭。

　　走进龙亭公园,穿过一丛丛争奇斗艳的鲜花,龙亭便展现在我们面前了：红砖砌成的大殿高高耸立，白石阶梯分为左右两侧，中间是一个同阶梯平行的坡面，用水泥制成，上面雕刻着九条蜿蜒的巨龙，给人一种威严肃穆之感。拾级而上，便到了龙亭殿前。抬头望去，屋脊上盘踞着2条张牙舞爪的苍龙。二龙中间有一颗明珠。两条龙回首翘望，用贪婪的目光看着近在咫尺的明珠，把巨大的利爪伸了过去……这便是"二龙戏珠"。

我们步入大殿。这里不仅宽阔，而且很华丽，雕梁画柱，金碧辉煌。大殿四壁光彩夺目，隐隐约约，像无数条巨龙在飞舞。定睛一看，原来墙壁上雕刻着许多飞龙。有的龙在腾云驾雾，有的龙在翻江倒海，有的龙在张牙舞爪地怒吼，有的龙在悠闲自得地养神……这些稀有的艺术珍品，可算得上是巧夺天工了。

73. 游大成殿

走过大成门，来到我国三大殿之一的大成殿。这座巍然屹立重檐九脊顶的庞大建筑，斗拱交错，黄瓦盖顶，像是一座金銮殿。前面并排有10根石柱，每根石柱上都雕刻着两条巨龙，一条在上面，一条在下面，它们盘绕升腾，腾云驾雾，向中间游去。中间呢，有一颗宝珠，围绕着一些火焰。喔，两条巨龙在争夺宝珠呀！这就是有名的"二龙戏珠"。在此我流连忘返，偎在石柱上摄影留念。

74. 参观兵马俑

我们随着人群走进去，啊，这个博物馆好大呀！有许多展厅，其中有一座建筑最引人注目，妈妈告诉我，那就是展出兵马俑的大厅。我迫不及待地拉着妈妈走过去，此时，我有一种说不出的激动，不由得惊叹道："太神奇了！"我惊呆了。只见在大厅的地面上有一个非常大的坑，长足有一百多米，宽也有七八十米，坑里排着密密麻麻，整整齐齐的泥塑武士。虽然是用泥雕塑的武士，但是一个个跟真人一般大小，神态逼真，仿佛是活人在那里操练。你看，他们穿着战袍，套着铠甲，脚上穿着战靴，头的右侧都挽成一个发髻。他们手中有的拿着长戈，有的拿着利剑，有的拿着盾牌；个个圆瞪二目，紧闭双唇，神态严肃，栩栩如生，好像在等候和敌人决战。还有许多弓箭手，他们有的站着，有的半蹲着，有的一手拉弓一手搭箭，威武异常，好像敌人一到便会万箭齐发。坑内还有骑士，他们牵着马，腰间挎着刀，骑士们精神抖擞。战马也神态各异，有的低头看自己的蹄子，有的仰起头张嘴长嘶，整个坑内有上千兵马俑，排成方阵，正严阵以待，准备和敌人决一死战，使人看了感到激情满怀。

75. 参观林则徐祠堂

临街屏墙面东而立，有左右两个边门。从边门步入，只见屏墙内面塑着一幅《虎门销烟》的浮雕。望着个个栩栩如生的人物造型，我的耳边似乎回响起了林则徐——这位中国近代史上的民族英雄的威严的声音，"我们绝不允许在中国的国土上有半点鸦片！"此刻我仿佛看到林则徐正站立在高坡上，挥动着他那双有力的大手，指挥着人们销毁鸦片。经过院子跨进大门，即是三楹仪门厅，厅前左右为新建的绿色琉璃瓦覆盖的回廊，回廊墙上，挂着一幅幅《林则徐生平史略》的图片镜框。我从这些画面里，看到了林则徐光辉的一生。

76. 参观菊花展

走进宽敞明亮的菊花展览大厅，我发现自己置身在浩瀚的鲜花的海洋里，这是我从来不曾见过的灿烂辉煌的场面。首先映入我眼帘的是一首诗：

"大治天下花盛开，瑶池群芳作舞来，长征英雄赏菊花，万紫千红有君栽。"

前厅是"厅峰矗立"，只见一座石峰矗立在小厅堂中间，更显得刚毅挺拔，四周摆着许多花盆，开放着绚丽多彩的花朵。一展室是"群芳夺魁"，二展室是"黄花添香"，几百种菊花竞相开放，无奇不有，花香扑鼻。

"菊映南山"几个大字把我引到中厅。据说这次展出各种菊两千余盆，近四百余种。园林工人采取短日照的方法，改变菊花的生长习性，使11月开放的菊花和元旦开放的"一品红"提早在10月1日前开花。真是"百卉聚一室，花随人意开"，为国庆佳节增添了光彩。此外，还展出了从南方新引进的"佛手柑"、"金柑"等名贵品种以及山石盆景、树桩盆景。绚烂纤细的"赤线金珠"，柔和妩媚的"粉勾抱月"，古朴大方的"碧玉现采"，浓艳热烈的"凤凰振羽"……题目新颖健康、花苞美丽动人，我被这五光十色的鲜花吸引住了。

77. 长跑比赛

随着一声枪响，运动员们像一支支离弦的箭飞驰在跑道上。运动员们已跑了第一圈了，我们班的沈军还落在最后面，他依旧不慌不忙地跑着。眼看第四圈了，他还是不着急，这可把我们班的同学急坏了，只剩下最后一圈了，只见他加快步伐，从后面冲了上来，50米、40米、30米……他很快甩掉了几个对手。该冲刺了，他使尽全身力气，奋力拼搏，终于第一个冲过红线，压倒了所有的运动员。大家向他祝贺，投去敬佩的目光。

78. 拔河比赛

"嘟——"一阵清脆的哨声响过,拔河比赛开始了。参加比赛的同学,个个精神振奋,斗志昂扬。操场上,欢呼声、加油声此起彼落,气氛十分热烈。经过激烈争夺,四三班和四四班获得了决赛权。

裁判员的红旗一挥,四班的同学先发制人,趁三班同学不注意,使劲猛地拽绳子。可是,三班同学临阵不慌,齐心合力把绳子拉了回来。四班同学不甘示弱,个个小脸憋得通红,脚底像生了根,稳住了阵脚。尤其是在绳尾压阵的徐云锋,像揪着受惊野马的尾巴,死死地不放。突然,他脚下一打滑,"扑通"摔倒了,但他没有松手,趴在地上还紧握着绳子不放。四班眼看不行了,脚下一个劲向前打滑。他们虽然咬住牙关,皱紧眉头,脸上的汗水直往下淌,但是那绳子上的红条还是一寸一寸地向三班那边移过去。

79. 朗诵比赛

昨天,我参加了学校举办的朗诵比赛,比赛时的情景还时时浮现在我眼前。

我抽签拿到了材料,打开一看,我一阵激动。哈哈!这篇文章我在课外读过,试读一遍,毫不费力。但我走进电化室,一见那些面孔严肃的评委,心中打了个哆嗦。心想:他们会不会把我淘汰下来呢?心里像揣了一只小兔子,咚咚直跳。低头再读的时候,也就不那么流利了。糟糕!我越急心里越紧张。于是,我就停下来稳定一下情绪。一阵流利的朗诵声传入我耳中。我一看,原来是四年级的一位同学在朗诵。我见那些评委点头,像是在夸奖她。我想,自己是个五年级的学生了，难道还不如四年级的学生？我这么一想，就拿起材料轻读起来。奇怪，我朗诵得又流利了。该我上场了，我轻松地走到话筒前，响亮而又充满感情地朗诵起来……

80．跳山羊

跳山羊练习开始了，同学们一个个都顺利地跳了过去，我真羡慕他们跳过去那一刹那的姿态，有的两臂平伸像春燕展翅，有的跳过去还翻一个跟头。轮到我了，我跑了几步，踏上跳板，两手按到"山羊"中间的地方，抬起了双腿，却一下子坐在"山羊"背上。"哈哈哈"，同学们哄笑起来，我脸上火辣辣的。

81．击鼓传花

"咚，咚，咚——"击鼓传花开始了。红花像只大红蝴蝶，依次从同学们面前飞过。眼看那花快传到我跟前了，我心里"通通"直跳。鼓啊，你慢点敲！花啊，你快点传！眨眼功夫，花传过来了。我连忙从刘利手里接过花，右手递给了身旁的王远同学，这时，我才松了口气。花在继续往下传，忽然，鼓声猛地一停，红花落到了周蕾同学的手里。她按规定，高高兴兴地从坐位上走到圆圈中，伸手在小箱里拣出一张事先写好的纸条，只见上面写着："请你唱一支歌。"她就清了清喉咙，大大方方地唱了一支电影《小花》的插曲。她的声音像银铃一般清脆悦耳。看她那神情，真好像是小花含着眼泪在寻找哥哥呢……

"咚，咚，咚"鼓声响起来，大家的眼睛紧紧地盯着这朵花。花一会儿传得快，一会儿传得慢，鼓声也一阵紧，一阵松。突然，鼓声停止，红花正巧落在苏老师手中。同学们哄堂大笑。苏老师笑呵呵地走了出来，她站在小箱跟前，看了又看，迟迟不肯下手。我想，苏老师一定是害怕拣着那张写有"跳舞"的纸条。她左拣右挑，你说巧不巧？到底还是拣着一张写有"请你跳舞"的纸条。同学们一听是请苏老师跳舞，个个哈哈大笑，拼命地鼓掌，"请苏老师跳舞！"

82. 歌咏比赛

为了庆祝"六一"儿童节，我们区 20 所小学在区体育场进行歌咏比赛。

入场式开始了，嘿，真带劲儿！有的学校的学生一身蓝，还翻出白衬领，有的学校的学生却一身白，翻出蓝衬领……我校同学校服更棒，白衬衣，黑长裤，白球鞋，人人胸前佩戴红领巾，个个昂首挺胸走进比赛场。

歌咏比赛开始了，我们心里是多么高兴。随着悠扬的歌声此起彼伏。我们仿佛看到蓝天、草原、江河……

轮到我们登台表演了，欢呼声、鼓掌声把我们送上台。当时我心里真有些紧张，可是一想也没有什么害怕的，应该把情绪放松，只要好好唱就行。我们的音乐老师走上指挥台，她将信任的目光投向我们，我们的心情顿时格外踏实了。随着琴声响起，随着老师那优美的指挥动作，我们尽情地歌唱。比赛完，我们在欢呼与掌声中走下台。这时忽听有人在说："颜家巷小学唱得真棒。"我们更乐了，连平常保持着严肃表情的校长也露出微微的笑容。

比赛结果，我们学校荣获第一名。至今，只要想起那次歌咏比赛，我还有说不出的高兴。

83. 篮球比赛

篮球比赛开始了。五一中队的队员个个生龙活虎，五二中队的队员人人斗志昂扬。"嘟！"哨声一响，裁判员把球高高抛起。双方争球的队员同时向上一跃，开始了激烈的争夺。五一班的张鹏眼疾手快，夺到球后边拍边跑。这时，对方的一名队员猛扑过来，张鹏灵活地做了个假动作，使对方队员扑了空，然后，就像闪电一样绕过一名防守队员，双手把球高高举起，向上一跃，把球准确无误地投进了篮筐。"哗！……"观众席上响起了一片掌声。现在该五二班发球了。队员韩强把球传给了于海涛，正当于海涛跨步刚要上篮时，只见五一班朱永兵猛地跳起，从他手中巧妙地夺走了球，接着朱永兵又把球传给了篮下的张鹏同学，只见他高高跳起稳稳地把球投入篮内。"加油！加油！"观众席上的助威声此起彼伏。激烈的比赛在欢乐的气氛中进行着。

84. 乒乓球赛

乒乓球赛已进入了最紧张的阶段。乒乓球在台上飞舞，我们的两眼紧盯着那小小的球。我校运动员王卫那稳健的削球，对方那漂亮的弧圈球，常常博得一阵阵雷鸣般的掌声。比分在不断地变换着。我们的心情也随着紧张的比赛而更加激动。这时的比分已是20：20。正在这紧急关头，王卫稳稳地发了一个下旋球，对方来了个向左提拉。王卫一侧身狠狠地反扣了一板，对方马上连退两步，用全身力气向前拉了一个冲力很强的侧弧圈球。"得分！"球场上立刻响起了一阵热烈的掌声。

85. 排练

　　离开音乐会的日子已经不远了，大多数动作我都练熟了。但是，还有一个动作朱老师不满意，唱到"眼看着山中就要把雨下"时，按要求要做出一副惊慌失措的样子。朱老师给我设计的动作是：先惊恐地看看天上的乌云，再害怕地抬起手来护住头，并且很快迈出一只脚准备找地方躲起来。我每次唱到这一句时，总是呆板地先抬头，再举手，后出脚。朱老师说："你的动作不像躲雨，倒像在跳芭蕾舞。表演节目不仅要形似，而且要神似。你想想看，下大雨之前你还没有回到家，要在半路上挨淋了，你的心情怎样呢？"我回答不出来，因为妈妈从不让我在大雨里挨淋啊！

86. "六一"游园活动

　　联欢会一结束，游园活动就开始了。我们高年级组游园的项目有猜谜、海底捞宝、盲人"画"象、瞎子打鼓、智力拼图……所谓"海底捞宝"就是在半盆水里放了许多玻璃球，在一定的时间内，看谁捞得多，不过不能用手，得用筷子夹。我那天不知怎么了，平时吃花生米，一筷子能夹好几个。可比赛时这手就是不听使唤，一分钟才夹了3个，得了一块糖——三等奖。我把它剥开放进嘴里，心里感到甜甜的。不过我最喜欢的游戏还是瞎子打鼓。

　　五（1）班的教室，不时地传出一阵阵哄笑。这里是"瞎子打鼓"的游艺室。等了一会儿才轮到我，我目测好距离，然后一个老师把我的眼睛蒙上，又递给我一支鼓锤，我迈步向前走去，感觉摸到了鼓跟前了，举手就是一下子，只听"哎哟"一声，教室里又是一阵哄笑。

我解开布带一看，离鼓还有一步远呢。原来蒙上眼睛以后，步子迈得小了，又走偏了，不但没打上鼓，而且打在一个围观的同学的头上。这次当然没得着奖，但心里还是满高兴的，因为学校组织六一游园活动的目的就是让我们痛痛快快地玩一玩。

87. 打"电话"

闻杰看完写在纸上的"电话"内容，迅速回到座位上，把"电话"传给了我，"杨刚赶着一群羊，走到山岗遇到狼。"我听完"电话"，立即不假思索，迫不及待地传给了孙洁……"电话"传到最后一个——詹来顺，詹来顺把他接到的"电话"写在了小黑板上。再看那上边写的"电话"内容，大家顿时像被劈头浇了一桶凉水，全都傻了眼。教室里先是一阵沉默，随即是一阵哄堂大笑。原来"杨刚赶着一群羊，走到山岗遇到狼。"竟然变成了"绵羊感到身上阵痒!"

88. 营火晚会

10月3日下午6时，华灯初放。学校北操场上，彩旗飞舞，灯火辉煌。操场中央，架放着三堆木材。会场四周，悬挂着各式各样的灯笼，有五角星形的，有兔子形的，还有金鱼形的……

7点钟，营火晚会开始了。学校鼓号队吹奏雄壮的进行曲后，校领导及团县委、文教局的叔叔分别讲话，祝贺中国少年先锋队成立*42*周年，勉励少先队员好好学习，天天向上。然后，校领导宣布点燃营火。在《快乐的晚会》乐曲声中，在队旗的引导下，九名少先队员，手持火把，绕场一周，点燃了场内的营火。顿时，鼓号声、鞭炮声、欢呼声、乐曲声交织在一起，把晚会推向高潮。在微风的吹拂下，营火越烧越旺，火光映红了人们的脸庞。

89．升旗

清晨，当薄纱般的雾气渐渐消散，大地从睡梦中醒来的时候，我们学校的升旗仪式就要举行了。同学都在宽阔的操场上等待着。铃声响了，顿时，校园里鸦雀无声，所有的人都停止了走动。大家面向国旗，少先队员行队礼，老师和非队员面对国旗，行注目礼。国旗在雄伟、庄严的国歌声中徐徐升起。鲜艳的五星红旗在蓝天白云的映衬下，显得格外鲜艳。

90．扫墓

清明节，天阴沉沉的，下着毛毛细雨。我们全校师生身穿素衣，胸戴白花，排着长长的队伍，拖着沉重的步子，怀着无比沉痛的心情，踏着泥泞，去陵园瞻仰烈士墓。

雨，淅淅沥沥地下着，我们谁也不说不笑，都在深切地怀念为我们今天的幸福生活而献出宝贵生命的烈士们。

91．演童话剧

我扮演童话剧《筑篱笆》里的"大灰狼"。我一出场，就在小白兔屋外的篱笆边探头探脑地张望，台下的观众一下子哄笑起来。"我"指着篱笆咬牙切齿，原来小白兔提防得可严哩！"我"骨碌碌地转着一双红眼珠，想着吃小白兔的妙计。我尽量把大灰狼阴险毒辣的丑恶面目演得像一些，再像一些。当我发现只有一只看家的小白兔时，就满脸微笑，连声音也变得那么尖声细气，动作变得那么温柔亲热。等到要吃小白兔时，"我"把嘴张得大大的，爪子伸得长长的，黑鼻子狂嗅着，活像一只真的大灰狼，我要让人们憎恨"我"。最后，小白兔们团结一心揪住了"我"，一下揭去了白皮伪装，大灰狼的尾巴露出来啦！可"我"还在叫："我是善良的大山羊，我是……"台下的观众再一次哄堂大笑……

92. 演奏手风琴

……叔叔灵巧的手指在手风琴的键盘上演奏起来，弹出一曲曲美妙动听的歌儿。那歌声有时奔放、热情、明亮，有时又委婉、细腻，余音袅袅。左手的贝司更是神奇，一会儿发出像大提琴一样淳厚深沉的低音，一会儿又以明快、跳跃的节奏吸引着人们去歌唱，去欢跳。

93. 拍电视剧

我扮演剧中的小主人公刘小海。小海是一个二年级学生，是奶奶的掌上明珠。这个角色让我扮演有一定的难度。刘小海是男孩，而我是女孩，不但外表不同，而且性格上也有很大差异。但我有信心和决心，一定要把他演好！我先剪掉辫子，穿起男孩衣裤，又和我们大院里的男孩子们接触，甚至和他们一起踢球、弹球、捉迷藏，还留心观察他们的一举一动。渐渐地，我练出了男孩子的性格。

正式的录像在酷热的伏天里开始了。第一组需要酝酿小海做了错事后，王老师耐心地给他讲道理，小海心里很难受的感情。这个镜头没有对话，全靠表情来表达自己的感情，难度较大。导演认真地给我们讲戏："做这场戏，小海要表现出心情难过……"我只顾擦汗，漫不经心地听着。

"开始!"远景:王老师右手搂着我,左手搂着小金。推近:王老师俯下身子,向我们说着话。近景:小海低下头,不自然地笑……"停停停!"导演生气了,"刘小海,你是怎么搞的?你知道摄像机开一分钟国家要花多少钱吗?你看摄影的叔叔还扛着摄像机陪着你呢!"我鼻子酸溜溜的,眼泪快要流出来了。汗水顺着脸颊往下流。导演停住了,口气缓和了许多,又说:"小海,我们再录最后一遍,有信心吗?"我抬头望着导演,只见她的眼睛里,有期待,也有信任。我咬着嘴唇点点头。

又一次录像开始了。摄像机发出轻微的"哒哒"声。大家集中精力,又一次进入了紧张的拍摄中。我也进入了角色……"好!"导演舒了一口气,脸上露出满意的笑容。

94. 排练节目

"冷冰冰"老师始终一本正经地坐在那里观看,一边还不住地点着头,像是在思考,沉默了一会儿,他突然站起来,走到我们跟前,对我说:"你这个'公鸡'应该学学真公鸡的样子。"接着他便隆起身,两只胳膊像翅膀似的扑打身体两侧;脖子也不停地随脚步的节奏一伸一缩,东张西望。我们谁也没有料到这"冷冰冰"老师竟有这一招,都憋不住笑了。他却没在意,又做起狐狸的动作来,撅起嘴,两只眼睛眯成一条缝,不住地眨着,一只手背在身后,另一只手像尾巴似的在屁股后摇来甩去,活像一只狡猾的狐狸。大家再也控制不住,放声大笑起来。突然,他脸一沉,那严肃劲又上来了,对我们说:"来!按照我刚才的样子,重做一遍。"我和董培红虽然都没有笑停,但又不敢违命,只好重新投入排练。

95. 歌舞表演

哦，该献歌献舞了。你看，我们的精彩表演竟赢得了退休老师一次又一次的喝彩，摄影师也忙不迭地为我们拍摄着各种动人的表演场面呢。轮到我独唱《金扁担》了，当时，我只想，我也要像蒋大为叔叔那样唱得娓娓动人，以此来表达我对老师们的无比热爱之情。随着乐器的伴奏，我拉开嗓门，引吭高歌。这时，全场静寂的连摄影师拨弄快门的声音都听得见。啊，成功了！全场热烈的掌声，让我体验到成功的喜悦。

96. 演奏电子琴

只见蕾蕾的表姐拂了拂电子琴，试了试音调，然后双手略略提起，在半空中用力往下压，双手又轻轻地落在电子琴上，弹起了一首施特劳斯的《蓝色的多瑙河》。她的双手时抬时落，头时而向左侧，时而向右偏，完全沉浸在乐海之中。我听着这优美动听的琴声，仿佛真的看见了波光粼粼的多瑙河。所有的空气顿时都凝结了，那跳动的音符，起落的双手，陶醉了的眼神，梦幻般的音乐在凝结的空气中融为一体。一曲终了，大家才"醒"过来。

97. 足球比赛

足球比赛的时间到了，双方队员在掌声中跑进球场。两种不同颜色的运动服，把他们打扮得格外精神。一声哨响，比赛开始了，大家都聚精会神地看着。突然，球从五三班队员的脚下飞向我们班的球门。

当时，我的心都快跳出来了，心想：坏了，非输不可！怎么办呢？我真想上去踢一脚，把球拦住。可是，一看我班的守门员就在这紧张的一刹那，以"狮子滚绣球"的姿势，把射来的球紧紧抱在怀里，向前来个前滚翻。这时，我的心像一块悬着的石头落了地，随着守门员敏捷灵巧的动作，全场响起了热烈的掌声。

98. 歌唱比赛

那天晚上，音乐会在海边正式开始了。六小队的男子汉们上场啦！凭着哑得"时髦"的歌喉，唱着风趣、幽默的《小和尚》，老师同学全都笑得前俯后仰，好不痛快！你们听："小呀小和尚呀，敲着个木鱼上佛堂，不怕榔头敲，也不怕戒尺打……"评委们都亮出了满分——10分。一曲唱罢，意犹未尽。最后我们又拿出了这次音乐会的压台歌——《酒神曲》。我们的哑喉还真有魅力，差不多跟电影中的一样好听。男子汉们可扬眉吐气了！真是"见了皇帝也不磕头了！"

99. 排戏

开拍前，导演向我们说戏，要我俩扮演两个在小石桥上嬉笑追逐的小孩，为影片中的主角作陪衬。我想：这还不容易？蹦蹦跳跳本来就是我们的拿手好戏嘛！开拍时，我欢快地撒腿飞奔，像60米短跑的冲刺那样。"停！"导演又耐心地跟我们讲："清朝时的小孩能像我们这样欢快地跑吗？"一边说一边做着样子。我和小孙按照导演的要求，认真地排练起来，反复了好几次，可总觉得很别扭。我突然想起如果从设摊磨剪子的人背后窜过去，不是更可以显出男孩子的机灵劲吗？我就试着这样做，当场得到导演的赞同。通过一次又一次的练习，我们终于克服了慌张、局促的心情，完成了第一场的拍摄任务。

100. 跳舞

"邵洁，你先跳。"我先跳？我有点胆怯，不过同伴的鼓励和老师信任的目光，使我鼓起了勇气。随着优美明快的歌曲声，我挥着胳膊，慢慢地跳了起来，渐渐地我被这美妙的音乐所陶醉，沉浸在创造舞蹈的乐趣中了。身边仿佛没有一个人，没有一切事物，只有我在这里尽情地跳舞。就好像一个小仙子，在大森林中，在美丽的松树下，翩翩起舞；又像一朵白云，在蔚蓝的天空中，让可爱的风儿吹着自己的白纱裙。乐曲声停了，可我还沉浸在美的遐想中。

101. 乐队演奏

只见唐老师的手臂一挥，《春天》的齐奏开始了。悠扬的二胡声，悦耳的提琴声，节奏鲜明的手风琴声，叮咚叮咚的电子琴声交织在一起。我感到自己的心和全身的每一个细胞都随着乐曲的节奏在跳动。我似乎看到了朵朵白云在蓝天上飘荡，辛勤的蜜蜂在烂漫的山花丛中嬉戏，美丽的彩蝶在枝头翩翩起舞，轻盈的春燕斜着身子从柳条中穿过，潺潺的溪水一路欢歌奔流……总之，大家都陶醉在春天的欢乐之中。等我们演完了，教室里突然像放鞭炮似的，爆发出一阵热烈的掌声。

102. 跳绳的场面

一刹那，场地上绳影闪闪，运动员手上的绳掠过头顶，擦过地面，上下翻飞，像金蛇狂舞，发出"呼呼"的声响。围观的同学目不暇接，看得眼花缭乱，许多同学还不停地跟着裁判数起来：20，21……

103．障碍赛

比赛必须闯越一道道难关。首先，是翻跃"高山"。原来，这是两只"山羊"。只见两名运动员向上猛地一跨，轻而易举地跃了过去。接着，要走一片"沼泽地"，只见地上零落地铺着一块块半脚大的砖头，运动员必须从砖头上走过去。要是一不小心掉了下来，就得重新再走。这可需要胆大心细。我们班的运动员平展双臂，犹如一只小燕子，顺利地通过了，而五（3）班的好几个运动员，都在这里失败。过了"沼泽地"，前面是一座"独木桥"，原来这是两条五六米长的长板凳。从这上面走过，也要十分小心，万一掉下也要重新上桥再走。运动员要通过一道道险关，才能达到终点，把棒子传到伙伴手中，这真是不容易啊！我们拼命地喊"加油"、"加油"，为每个顺利通过障碍的运动员热烈鼓掌。

104．跳马

最后一天的自选动作比赛，她成了全场观众最注目的人物。她开始跳马，人们的视线全集中到长长的跑道一端。她起跑步子轻巧、均匀，渐渐地加快了速度猛冲，快得惊人。霎时，到了木马跟前，只见她纵身一跃，双手在马背上一拍。顿时，身子凌空飞起，宛如海燕直冲云霄，接着又斜掠下去，姿态美极了。定睛看时，她已稳稳地停立在木马跟前。

105. 学游泳

同学们一见那碧绿的池水，就高兴得手舞足蹈，立刻换上了游泳衣，在池边列好了队。刘老师来到队前说："同学们，你们喜欢游泳吗？""喜欢！"大家异口同声地回答。"同学们，"刘老师接着说，"不管学什么姿势，都要练好基本功，今天我们先练打水。"她告诉大家打水时要放松，由膝关节带动小腿，小腿再带动脚。讲完后她跳下水给我们做了示范。只见她双脚击起一团团白色的水花，身体也随着向前移动。同学们不由自主地拍手叫起来："好，漂起来了。"几个心急的同学恨不得立刻跳入水中，和老师一起游。

做完示范动作后，刘老师便让我们分组练习。话音刚落，第一批同学就像小海燕一样纵身跳入清澈明亮的池水中，岸上的同学焦急地等待着，小丽瞪大眼睛望着池里的同学们，似乎已迫不及待了。小刚下不了水，就趴在岸上练起来。池中的同学们扶着救生圈，欢快地拍打着水浪，水花如碎玉般高高飞溅起来。远远望去，红的、白的、蓝的、黄的，五颜六色的色彩交相辉映，时起时浮，真像是一群在追逐嬉闹的小鱼。

106. 看小飞机表演

气垫船上岸，一架无线电遥控的小飞机起飞了。飞机在空中灵活地做着各种动作：时而盘旋上升，时而俯冲下降，时而翻着跟头，时而侧身飞行。我目不转睛地望着，心想：要是我也能操纵这么一架飞机，该多好啊！

随着嗡嗡的响声，又一架小飞机起飞了。它飞着飞着，投下了一个个小降落伞。每个伞上都挂着一条标语，有的写着"从小爱科学学科学"，有的写着"向科学技术现代化进军"。降落伞像撒在天空中的一朵朵鲜花，徐徐下降。场上的小观众都仰着头，跳着，笑着，爆发出一阵阵热烈的掌声和欢呼声。

107．观察细胞

我刚一看清细胞的模样，立刻禁不住发出一阵阵欣喜的赞叹声。只见镜头下面的细胞一个个异常美丽。它们有的是六角形的，有的是长方形或者正方形的，形状虽各有差异，但它们却像是谁精心拼凑过的一样，紧紧地连结在一起，整整齐齐地排列着，连一点细微的缝隙也没有，就好似亲兄弟一样，它们团结得真好啊！一个一个的细胞连接起来，就像一张又细密又好看的大网子，又像一把透明晶亮的大扇子。在小格子中间，还有一个个芝麻粒大的黑点，在小格子的映衬下显得分外鲜明，就像是一个无瑕洁净的水晶盘里盛着一颗颗奇异的黑色宝石，妈妈告诉我，这就是细胞核。我试着让镜头上升，在水晶盘上立刻出现了一道道水波形的细纹，平稳而又缓慢地掠过镜头，似乎是平静大海上的波澜，正慢慢地冲刷着一块块黑宝石般漂亮的礁石。我兴致勃勃地看着，耳边仿佛响起了海浪冲击礁石的特有的"哗哗"声，我简直被眼前的景色陶醉了。

108．扳手力

近来，班里兴起扳手力的热潮。一下课，两三人一组，比起来，争个脸红脖子粗，女生看着，也觉手痒。下午第三节大扫除，女生便由张秀青带头向我们挑战。李明首先响应，接战张秀青。我真担心李明受大伙攻击，那罪名可不好听。可一看周围的同学，个个含笑，注视着他们。别看张秀青全班最胖，力却大，李明只用几秒钟便输了。也许她欺我瘦小，指定要我出战。我深知人言可畏，但又不肯丢了男子汉的脸，只好硬着头皮伸出右手。平时动一下都不敢，现在要握在一起，不由心惊。回头看大伙，只见他们的脸上没有嘲笑，只有鼓励。于是定下心，吸口气，"呀！"我一声轻喊，便把张秀青的手压在底下。"哈哈！"大家笑了，这是发自内心的笑，而不是带刺的嘲笑。

109. 吹蜡烛比赛

今天晚上，我在阳台上看星星，不留意地看到了邻居家。只见他家里灯火通明，我起了疑心：他家在干什么呢？于是我轻手轻脚地溜出了家门，来到了邻居家门口。

啊！只见邻居家屋里排放着四张高凳子，每张凳子上，都整齐地燃着三支蜡烛，每人只准吹三口气，吹灭了蜡烛，奖给一张书签。原来他们家在举行吹蜡烛比赛，好奇的心理促使我闯进去，参加了这场别开生面的吹蜡烛比赛。

看到了前面的几个人都没有成功，我的心情不禁紧张起来。轮到我吹了，我深深地吸了一口气，两眼紧盯住蜡烛，把气轻轻吐了出去，只见蜡烛上的火苗跳动了几下，很快就熄灭了。"好！"我高兴得叫起来，可是一转眼那蜡烛像故意和我捣蛋，火苗呼的一下又窜了上来。

我不灰心，又深深地吸了一口气，先是轻轻地吹，接着，猛一使劲，火苗"啪"的一声，灭了。这次真的灭了，终于成功了！我高兴地望望邻居家的孩子。他笑嘻嘻地催我："快去领奖！"

110. 家庭智力竞赛

一切工作都准备好了，姐姐当主持人，我当计时员，爸爸妈妈为参赛选手，姐姐让爸爸和妈妈坐在沙发两旁的椅子上。姐姐说："家庭智力竞赛现在开始，请爸爸先来挑题。"爸爸走到跟前挑了一个信封。姐姐把信封里的题拿出来，说了声记时开始，我便开始记时间了。开始爸爸答得还顺利，可是后来就渐渐地答不出来了，结果爸爸答错了4道题。下一个该妈妈答了，只见她镇静地拿起了另一个信封，姐姐把信封里的题拿出来，说了声记时开始，就念起题来。我真没想到妈妈把这些题全答对了，而且答得流利，我心里可高兴啦！我想妈妈能得第一。

姐姐看了看爸爸，发现他有点儿不服气，于是又说："抢答题开始。"这下爸爸可来了精神，好像要把五道抢答题都答对似的。一开始，爸爸把前4道题都答对了，这下他们都答对10道题。比赛气氛顿时紧张起来，现在只剩下一道题了，这道题是关键，谁要把这道题抢答对了，谁就得第一名。妈妈、爸爸都想得第一，所以都注意听姐姐读题。姐姐开始读了："孟加拉国的首都是哪？"他们听了，都拧着眉头想着。过了50秒钟，妈妈突然说："孟加拉国的首都是达卡。""对了。"姐姐听了，高兴地说，"妈妈答对这道题，取得第一名。咱为她鼓掌表示祝贺！下面给妈妈发奖。"于是姐姐把一张画着花边的纸拿来，又把一支英雄牌钢笔送到妈妈手里。妈妈接到英雄牌钢笔以后脸上泛起了笑容。爸爸看妈妈获得了第一名，就伸出了大拇指说："你妈妈可真不简单啊！"接着爸爸、妈妈为我和姐姐出了题，我和姐姐坐在椅子上，聚精会神地听着妈妈念题。我和姐姐的智力竞赛开始了，妈妈一共给我们出了20道题，每人10道题，结果我只答对了6道，姐姐答对了9道。在这次活动中姐姐获得了第一名。爸爸说："希望取得成绩的不要骄傲，没取得成绩的不要灰心，家庭智力竞赛到此结束。"我们全家都鼓起掌来。

111. 溜冰

溜冰场上灯火辉煌，照耀得如同白昼。黑咕隆咚的天上，新月和疏星黯然失色。女孩子穿着红毛衣，飘扬着花围巾，潇洒地走着曲线，冰上出现了长短交错的许多影子。有几个男同学，戴着小红帽，穿着灰线衣，弯着腰，蹭，蹭，蹭，像燕子一样地飞过。还有戴着有绒球的毛线帽的小娃娃，突然出现在人们的身旁，忽又一钻，不见了。还有不少披着厚厚的棉袄的初学者，战战兢兢地挪动着步子。

112. 滑旱冰

爸爸帮助我穿上带轱辘的旱冰鞋，扶我站了起来。我勉强站稳，刚要向前迈步，后边那条腿就像有人拽了一下似的，猛地一滑，来了个"大劈叉"。我赶紧双手扶地，才没摔倒，吓得我心里咚咚直跳，爸爸把我拉起来。这回我可紧张了，小心地向前移动，生怕再往后滑去，谁知双腿又一下子向前溜去，重重地摔了个"屁股墩"。唉！学滑旱冰真不容易啊！

我有点儿泄气了，两手死死攥住爸爸的胳膊不敢撒手。爸爸笑着对我说："别怕，干什么事情都不是一下子学会的，重要的是不怕困难，坚持练下去，摸到规律，就能得心应手了……"接着又讲了什么重心啊，平衡啊，什么精神集中，全身放松啊……他一边讲一边扶着我练，让我慢慢体会他讲的那些要领。

我一点点儿地摸着了门道，就大着胆子自己试着滑了起来。跌倒了，我爬起来；摔疼了，我揉一揉；汗水顺着双颊流下来，我顾不得擦一擦；一条辫子散开了，我顾不得扎一扎……渐渐地我能滑行几步了，我心里真高兴啊！

113．小实验

转眼之间，春节快到了，爸爸给我买了个气球。我记起《30个科学游戏》上，有一个用气球来证明气压力量强大的实验，便把这本书拿了出来。按照说明放掉了气球中的气，把3本书压在气球上。一切准备完毕后，我鼓起腮帮使劲向气球里吹气。气球越吹越大，气球上的3本书也跟着抖动了起来，并且越抖越剧烈。猛然间，最下面的那本书的一角向上一掀，只听"啪嗒"一声，3本书一齐翻倒在桌子上。实验成功了，我乐得连蹦带跳。从此，我对《30个科学游戏》更加爱不释手。

114．打雪仗

一声令下，雪仗拉开了序幕，雪团立刻纷纷掷出。对方的战术是先发制人，不顾一切地朝我方发动猛攻。一团团雪球就像一颗颗炮弹从天而降，打得我们左躲右闪，难以招架。看到我们又躲又藏，对方都跳着、喊着、笑着，不免有点过于骄狂。"弟兄们，快，把'敌人'打回去！"我大喊着，冒着"敌人"的"炮火"，奋不顾身，带头扑向"敌人"。"冲啊——！"我方嗷嗷叫着，开始全线反击。只见"炮弹"纷纷砸向敌阵，四处开花，频频命中，把"敌人"打得乱了阵脚，他们抱头鼠窜，落荒而逃。我盯住对方的指挥官，趁他一不留神，把雪团猛地砸了过去。"嗖——啪!"雪球一下子砸在他的脸上,打得他"嗷"的一声怪叫,身体向后一仰,摔倒在雪地上。我方将士一涌而上,把一团团雪球往他的衣服里乱塞。我有点得意忘形,乐得正起劲儿,不料一颗"炮弹"突然迎面飞来,正巧击中了我的嘴巴,使我吃了一个大"雪馅包子",于是又引起了一阵欢笑声。

115. 做烧烤

到了星期天,我们各自带了烧烤用具和食物在小明家里集合,出发到郊外烧烤。到了目的地,在一处清幽的荫下做烧烤。我们齐心合力,分工合作。小明负责消除这里的杂草;小华和小康一起去找石块垒一个烧烤炉;小建就负责拿炭去生火;我就去把所有的食物拿出来开始烧烤了。大家都拿着食物在炉火上烧,小明很有耐性,将鸡翼烧成金黄色的,香味扑鼻。他烧熟了食物,放在纸碟上品尝自己的成果。而小建烧食物时很不耐烦,还未熟透,就拿来试,发觉还未熟,结果又拿去烧,烧到最后变成一块黑炭似的。大家看见小建烧的食物都笑得前俯后仰。

116. 捉蟋蟀

"全线搜索!"我轻轻地把命令一下,大伙就开始行动起来,蹑手蹑脚地进入了这块空地。要捉住一只好蟋蟀,要先用耳朵听蟋蟀的叫声,以此判断蟋蟀的好坏、种类和所在方向。发出"嘟——嘟——"低沉叫声的是"油葫芦",叫声沙哑的是"老米儿","瞿,瞿"地叫得又响又脆的才是一只好蟋蟀。忽然,耿浩发出了信号:"这里有只好蟋蟀。"我们一听,连忙轻轻地奔了过去,我们细细一听,果然是有只好蟋蟀。我们又仔细一听，发现这只蟋蟀就在我们脚前的草丛里。我们拨开了草丛，一只蟋蟀出现在我们的眼前。"真棒呀，这只蟋蟀!"我们异口同声地叫道。只见这只蟋蟀个头挺大，有一寸来长，小红脑袋，大腿又黑又粗，全身油光发亮。忽然，这只蟋蟀觉察出了危险，身子一扭，钻进了旁边的洞里，"唉呀! 糟糕!"小伙伴们都为晚了一步而感到惋惜。只有孙威又大模大样地站了出来，说："不用着急，挖开洞，不就得了。""傻瓜! 你一挖洞，洞塌了，还不得把蟋蟀压死!"孙威的话招来大伙一阵嘲笑。"小机灵"何鹏装做一休的样子，盘腿坐在地上，用一手指弄成圆圈形状放在腿上，闭上眼，动起脑筋来了。过了一会儿，何鹏忽然跳起来喊道："有了!""什么办法?"大伙焦急地问。"用水灌，准成。"大伙虽然不怎么相信，但只好这么办了。水灌进洞后，不一会儿，那只蟋蟀就像醉汉一样摇摇晃晃地出了洞，我只轻轻一扣，就将那只蟋蟀"捉拿归案"了。

117. 有趣的实验

　　小鲫鱼究竟有多大的耐寒能力，能不能做个试验呢? 我的这个想法得到了爸爸的支持。于是，晚上我把金鱼缸放在露天凉台上。

　　第二天早上，我把金鱼缸从外面拿回来，一看，吃了一惊：缸里的水几乎全部结成了冰，两条小鲫鱼在缸里一动不动，直挺挺的成了两条冰冻鱼。爸爸看见之后，立刻叫我把鱼缸放在温水里，让缸里的冰慢慢地融化，我按照爸爸的吩咐去做了。半小时之后，只见鱼缸上面还有一层层很薄的冰，我两眼紧盯着一动不动的鲫鱼，心想它们是死定了。哪知过了一会儿，小鲫鱼突然慢慢地蠕动起来，我简直不相信自己的眼睛，揉了两下，再定睛一看，确实它们在不时地扭动着身体。于是我惊讶地叫着："爸爸，鲫鱼活了!"

118. 小发明

去年上自然课，学到了大气压力。我就想，气比水轻，如果水管中有气体，气就总会在水上，自来水管的地上部分和接近地表的部分没有水就不会冻了，把这个设想对老师一讲，老师说我想的好，要我继续研究。如何把气注入水管中？我想到了仿照给自行车车胎打气的办法，经过三番五次改制，终于试验成功了。我在水龙头的弯头处安装了自行车的气门，用完水后，把水龙头阀门拧紧，用气筒向水管中充气（比给自行车车胎充气省力），将水挤压到地表以下，水管就不冻了。用水时，拧开水龙头的阀门，水管中的气先"噗噗"地冒出，随后水就流了出来。我的这项小发明解决了农村冬季自来水管防冻问题，因此获得了天津市小发明奖。

119. 全家堆雪人

大雪停了，我们全家人都到院子里堆雪人。妈妈兴致勃勃地用大扫帚把地上的雪扫成一堆，然后扫帚一撂，挽起袖，弯下腰去撮雪。弟弟在一旁又蹦又跳，手忙脚乱地堆着雪。爸爸不敢袖手旁观，开始显身手了，他脱下外套，伸出手臂，蹲在雪堆旁边，脸上堆满了笑，两只手不停地拍打着雪堆。别看爸爸那双手平时显得粗笨，但现在爸爸的手却显得格外灵活。爸爸刚做好雪娃娃的身子，妈妈就把"脑袋"往它的脖子上一搁。"哦，雪娃娃要做好了！"我和弟弟高兴地喊叫着。奶奶也乐得合不拢嘴了。"该做眼睛了。"我一边说一边忙跑上楼，从抽屉取出两颗大黑扣子，朝它的额头下面一左一右地按上去，随后，我拿着树枝在它的鼻子下端弯弯地画了一笔，因为雪娃娃也需

87

要有嘴巴呀！这时，奶奶从口袋里拿出一个胡萝卜，给雪娃娃安上这丑丑的长鼻子，姐姐挺神气地说："这下该做完了吧！"妈妈笑一笑，拿着手中已捏了好久的两个小雪团，在雪娃娃的脑袋两侧压了下去，我和爸爸不约而同地说道："原来还没有耳朵呀！差点儿成了聋子雪娃娃。"弟弟凑过来，把帽子拿了下来，然后戴在雪娃娃的头上，做着鬼脸对我们说："雪娃娃和我一样，也戴帽子了！"哈！我们都笑了，雪娃娃也笑了。我们笑它滑稽、可爱，它笑我们全家人幸福、和睦，充满了欢乐！

120. 弹跳垫

弹跳垫像个微型城堡，方形的彩色"城墙"，四根"钢笔柱"。我们脱了鞋进入"城门"，在弓形的垫子上欢跳着。垫子下不知有什么东西，像弹簧一样，在脚下弹跳着。我们在弹跳垫上笑着，跳着，推着，挤着，兴奋极了。累了，便靠在"城墙"上歇一会儿。

121. 吹泡泡

你看吧，有的歪着头吹，有的仰着脸吹，有的跳着笑着追泡泡，那泡泡像五彩缤纷的气球在飘呀飘。那吹出的肥皂泡泡，有的像身穿彩衣的顽童在空中追逐嬉戏；有的三四个贴在一起像在说悄悄话；有的成群结队像空降兵在缓缓飘落。看大家吹得那么好，我也不甘示弱，用吹管蘸了些肥皂水轻轻地吹起来。果然，管口冒出了一个小彩球，越来越大，在管口边上转起圈圈，成了一个"大宝葫芦"。我小心翼翼地把"大宝葫芦"吹放在桌上，再在上面吹上两个小泡泡，就成了一个"米老鼠"啦！

122. 养花

写字台上这盆既大方又挺拔的仙人掌啊，它花了我多少心血，又给了我多少的快乐！记得开始时，我只在这个精致的花盆里种下了两块像巴掌大的仙人掌，待它生根时，我又不断地给它装饰起来。首先找来一个像乒乓球大小的仙人球，用小刀轻轻地把它的一端削尖，再在仙人掌的顶端挖了个小洞，然后把仙人球的尖端插入仙人掌的洞内，再敷上湿纱布。就这样，我天天像医生照料伤病员一样照料它，甚至睡觉前或上学时，还要站在它跟前，歪着脑袋端详一会儿，心里暗暗祝愿：快快长吧！我心爱的仙人掌！数天后，我在仙人掌的根部滴下数滴红墨水，第二天就看到仙人球的顶端出现红丝了。我知道，仙人球能通过仙人掌吸水了，能活了。于是我情不自禁地拍着手又跳又叫："真有趣啊！我的仙人掌上又有仙人球了！"

123. 捉"特务"

午饭后，我们玩"警察"抓"特务"的游戏，2名"特务"巧妙地隐蔽在青年湖公园，只有我和许悠还没有找到合适的地方藏起来。我着急地对许悠说："快找个地方藏啊！"许悠想了想说："时间来不及了，没法子，只得和'警察'兜兜圈子了。"说完领我到前面去观察情况，我提心吊胆地跟着他走。快到俘虏营了，我和他闪到墙后，偷偷探头观察情况。"呀！'警察'出发了！"许悠惊慌失措地压低嗓音说。那些"警察"排着整齐的队伍向我们这边走过来，他们个个精神抖擞，信心百倍。我看到这个阵势，慌忙地看了一下四周，发现不远处有一个山洞，没等许悠说话，我就闪进了洞里，许悠也立刻钻了进来。我们想躺下用周围的干树叶盖住全身，可惜，周围的叶子太少了，只能盖住我俩的大腿。没办法，只得露着上身坐在洞里，我俩紧紧贴在洞壁上，一动也不敢动，连个大气儿都不敢出，生怕"警察"发现。几分钟过去了，我的心还怦怦直跳，两腿直打哆嗦，忽听有个人喊："这儿有两个'特务'，快抓住他们！"我想：不能再躲了，跑！说时迟，那时快，我纵身一跃，跳出山洞。这时，几个"警察"从四面向我走来，呀！我被包围了，急得我像热锅上的蚂蚁，眼看包围越来越近，我想只能拼了。于是，不管三七二十一，我没命地向前冲去。不料，被一个"警察"抓住了衣服，我趁他没抓紧，猛一转身，挣脱逃走。

124．玩冰车

记得我还曾偷出妈妈的烧火棍、架子车上的挡板，换回一辆我梦寐以求的冰车。当然，少不了挨妈妈几巴掌，可我有了自己的冰车，别提多高兴了。故乡的孩子，没有冰车要被伙伴们瞧不起的。所以，我的伙伴们几乎人人都有。

那条结实绵长的玉带，永远是孩子们的乐园。只要我的哪一个伙伴喊一声"溜冰去喽！"我们便一个个猫似地从家里溜了出来。

北方的冬天真是寒冷，北风呼呼地叫着、吹着，吹得我们的脸和手通红通红，在晶亮的冰面上一映，似一朵朵傲雪盛开的腊梅，我们也似梅花般喜爱这白皑皑的世界。那欢乐的笑声，随着满天雪花飞舞，幼稚的童趣洋溢在沾满冰碴儿的鼻尖上。在这晶莹的世界里，我们个个成了雪娃娃，在隆冬的怀抱里玩呀玩，玩得忘了寒冷，忘了屋里干着急的妈妈。这冰晶晶的一切哟，把我的童年裹在一片净洁里。

125. 偷西瓜

童年，给我留下了美好的回忆。那村边小河里清悠悠的水，河中沙洲上郁郁葱葱的柳树林，是我童年的乐园。

曾记得那年夏天，小河对岸种着大片西瓜。到了成熟季节，我和小伙伴们就来到岸边，小声商量着："对岸的西瓜熟了，摘两个来尝尝鲜怎么样？""行！"于是我们偷偷地游过去，悄悄地爬上岸，四处张望了一下，见没人，就七手八脚地摘了起来。看瓜的王大伯来了！小伙伴们"哄"地一声抱起西瓜，扑通扑通跳下河去。王大伯只好无可奈何地望着我们笑了。我们游到河中的沙洲上，躲在柳树丛中，用石头砸开西瓜一看，哎呀，瓤全是白的。丢掉吗？实在舍不得，于是我们便津津有味地吃了起来。吃完后，一个个都成了大肚皮。你望着我，我望着你，嘻嘻哈哈乐够了，我们才游回岸上。"啊，不好了！我们的衣服不见了！谁藏了我们的衣服？快拿出来！"我们大声喊着。对岸，王大伯拿着衣服慢吞吞地从瓜棚里钻出来，微笑着向我们招手。我们只好硬着头皮，重新游过河去，弓着腰向王大伯跑去……

126. 捉迷藏

一阵欢乐的笑声从院子里传来。那是个暑假的黄昏，我和小伙伴们在院子里捉迷藏。

唉，真倒霉，该谁不好，偏偏该我先捉。不过，我已经先把她们每个人的特点记住了：姐姐才洗过头，头发是湿的，林岗穿的是长裤，罗敏是"上海头"，穿的是凉鞋。丁柯是个"金鱼头"，只是大菲和小菲是双胞胎，头上都系着一样的蝴蝶结，都穿一样的凉鞋和裙子，不

91

好分辨，不过她们俩声音不同，小菲声音尖，大菲声音粗。我被布蒙着眼睛，大家把我围在中间，摸呀摸呀，我突然摸住一个，是谁呢？先摸头，是"上海头"，再摸鞋，是布鞋，我立刻叫了一声："是罗敏！"谁知掀开蒙布一看，却是丁柯。原来不知什么时候她们换了鞋。我气得差点要哭，但为了不让她们看见我小气，我忍住了。

我又蒙上眼睛，摸呀摸，终于又摸着了一个。我仍然先摸头，是"金鱼头"，我断定是丁柯。因为她临时要换"金鱼头"是来不及的。我叫一声："丁柯！"啊，这次摸对了！

月亮升上了中天，可我们的笑声却还没停，漫过院墙，传到很远的地方，是那么欢快，那么甜。

127. 捉螃蟹

突然，眼前一亮，又是一个洞口出现在眼前。我又一次拿起铁锹向洞口挖去，里面出现了一道道的浅印子，一分钟、两分钟……始终没见糊浆泥，这个洞真深。过了一会儿，终于看见糊泥浆了，我再次把手伸进去，突然触到了坚硬而锋利的东西，是什么呢？我惊叫一声，马上把手缩了回来，心想一定是螃蟹。我兴奋得忘记了疲劳，又把手伸了进去。

128. 捉鱼

一个星期天的早晨，我约郭辰去捉鱼。两个人拿着铁锹，拎着小桶，带着水盆和笊篱来到小溪边上。我们选了一处鱼多水稳的地方，用泥从两边筑坝，坝当中留个出水口，把笊篱竖在出水的地方。水从出水口向下流，被笊篱截住的小鱼惊慌得乱蹦乱跳。一会儿工夫，我们就捉到了十来条。我爬上岸，把盆里的鱼倒进桶里，心里快活极了。

129. 捅马蜂窝

到了后山，大家分头寻找。突然，东东叫了起来："快来看，这里有四个马蜂窝！"我们一看，果然不错，蜂窝外面有几只大马蜂在徘徊，像是在站岗放哨，每只身上都有黄色的条纹。大家立即商谈开了：我和东东捅一个，明明和星星捅一个，江江和兵兵捅一个，剩下的那一个，当然由路上牛皮吹得最响的强强收拾。

开始了，我们一人手里拿根木棍。"预备——捅！"我们一涌而上，手里的木棍一齐朝目标捅去。"嗡！"不好了，马蜂窝里开锅了！我们立即趴在地上。谁知，马蜂好像知道我们就趴在地上似的，向我们猛蜇。我躲在草里正要庆幸自己逃脱了这场灾难，突然，痛得从草丛里跳了起来。一看，不好！几只马蜂发现了我，吓得我拿起棍子乱舞，"砰"地一声打在兵兵脑袋上。原来他负了"重伤"，连滚带爬往我这边逃，这下好了，让我打中了。他"啊哟，啊哟"叫了几声，趔趔趄趄地退了几步，差点摔倒。马蜂又来了，我顾不上兵兵，连忙逃到一棵小树下，一看儿，东东正悠闲地坐在上面。原来他和我一起捅马蜂窝后，立刻往上爬。我正被马蜂逼得走投无路，也不管那棵小树还小，连忙往上爬，刚刚坐好，"啪！"树枝断了，我和东东正好摔在强强身上。此刻，强强已被马蜂蜇得晕头转向，正狼狈不堪地伏在地上。我们三人连忙逃进了一间没人住的小房子。可星星只顾逃命，没注意脚下的石头，又捉了个"大团鱼"（跌了一跤）。江江拉住一根绳子，想爬到一棵树上去，他手里抓着那一小段绳子，荡来荡去表演起杂技来，可绳子一断，"砰"，江江又来了个响亮的屁股墩……

130. 捉蟹

找到了蟹洞，表哥麻利地拔了一大把草，三下两下，很快绕成了团，将蟹洞紧紧堵住。我不解地问："表哥，为啥要堵洞?"他只简单地说："堵洞是为了捉蟹。"就这样，他一边找洞一边堵洞，直到渠道的尽头。

蟹洞堵完了，我正想看表哥怎样捉蟹，可是他说时间还早，又跳进河里去游泳了。他尽情地畅游着，简直把捉蟹的事抛到九霄云外了。半个多小时过去了，他这才慢悠悠地爬上岸来，对我说："走，捉蟹去!"说得多轻巧，好像蟹子就放在他那里似的。

我们跑回原先第一个堵住的蟹洞，开始依次收蟹。他走下渠道，左手猛地一下将草团掀去，右手迅速向洞口摸去，一只乌背白肚、背亮凸起的大雌蟹就进了我的背篓里。这时他才告诉我："蟹在水里也要吸入氧气，我们把洞口堵住了，时间一长它吸不到氧气就会爬到洞口来，这时揭掉草团最容易抓住它。"他又补充道："但是堵草团需注意，时间短了它还没爬到洞口，时间长了会憋死。"啊，我原以为捉蟹就是捉蟹么，想不到还有这么多道理，原来表哥游泳是等蟹爬到洞口。表哥又在第二个洞口捉到一只扬着对大黑螯子的老雄蟹，他一个洞一个洞地捉过去，几乎没有落空的，一会儿就捉了一篓子。

131. 滑爬犁子

我个子大，所以就第一个拉。李伟和优斌先坐了上去。我拉呀拉，累得满头大汗，他俩坐在爬犁上又说又笑，快活极了。下面轮到我坐了，李伟就拉着我一直朝前跑，我坐在爬犁子上面，舒服极了。呼呼的冷风向我吹来，两旁的房屋和树木往后倒去。小朋友们跟在爬犁子后面蹦着跳着，好像一群欢快的小鹿。一个个小脸冻得通红通红，好像一个个红苹果。

该轮到施磊拉了。正好是个下坡路，大家趁施磊不注意，一个个都爬上了爬犁子，搂抱在一起，站在上面。虽然是个下坡，但施磊仍然累得上气不接下气。我们站在爬犁子上面正高兴，爬犁子突然来了个急转弯，一下子把我们从爬犁子甩了下来，一个个搞得满身是雪，有的揉屁股，有的摸脑袋，李伟爬起来生气地说："你这家伙，把我的屁股跌得好疼。"施磊风趣地说："碰上'地雷'了，不能不转弯。"我们回头一看那"地雷"，原来是一泡牛粪。乐得我们前倾后仰地大笑起来。

132. 泥塑

活动开始了，只见那大块大块的泥，在同学们手中滚动着、跳跃着。"要想做好泥塑，第一步就是要把泥摔匀。"傅老师提醒着大家。"同学们往这儿看"她边说边捏。这时我们的目光一齐移到老师的手上，瞬间，出现了一个几乎要起来的小鹿。我们个个睁大眼睛，张大嘴巴看着。顿时，大家不约而同地称赞起来。我全神贯注地欣赏着，还没等醒悟过来，其他同学早已捏上了，哈，真是迫不急待。

133. 堆雪人

瞧，大家干得多起劲。我们先分了工，小明和小云滚一个大雪球，做雪人肥胖的身躯，我一个人滚一个小雪球，当雪人胖乎乎的脑袋。大家说干就干，一会儿功夫，两个雪球就出现了。我们把身体和头两部分组装好了，小明用两个煤球嵌在雪人脸上，算作它的眼珠；把胡萝卜插进眼睛下面当作鼻子；鼻子下面嵌上小半块红砖头，这就成了雪人的嘴。它的身上呢？也不能太秃，小云用煤球插在正中一竖行，算作纽扣。小弟拿了把破笤帚给雪人做胳膊，我找了个纸篓，套在雪人的头上。就这样大家齐心协力，一个雪人诞生了，它戴着高高的礼帽，翘着红红的鼻子，挺胸凸肚，活像个骄傲的将军。我们笑着，欣赏着自己的杰作。

134. 养鸟

半年多来，我和我的"小伙伴"相处得可好了。每天清晨，我一起床，就把鸟笼挂到窗口，小鸟一见到我也特别高兴，因为它又有好东西吃了。小鸟爱吃小米和菜叶子，但最爱吃的是油菜籽和芝麻。每天早上，我往食缸里加一些芝麻，它便跳到食缸上津津有味地吃起来，吃饱了，又跳到水缸上喝一些水，一面高兴地唱起歌来。有时芝麻加得少一些，它就会在我面前跳上跳下，朝我叽叽喳喳地叫个不停，好像在说："再给一点吧！"它真调皮，就想吃好的，而且吃芝麻还吐皮呢！别看它既没有手也没有牙齿，竟能一面吃一面把每颗芝麻外面的一层皮吐得干干净净。太阳出来了，照在它黄橙橙的羽毛上，全身变得金灿灿的，简直像神话里的金翅鸟一样。在早晨清新的空气中，它高兴地叫起来，声音清脆悦耳，婉转动听，嘴下的羽毛一抖一抖的，尾巴还会不由自主地摆动起来。微风把它的羽毛吹乱了，它会用尖嘴去"梳理"，一直"梳"得又光又齐。有时它故意把头浸到水缸里，再一抖，把水珠洒在自己身上，弄得自己像个落汤鸡一样。头痒了，还会用脚去抓或在木杆子上碰，真惹人喜爱。

135. 看气垫船表演

九点钟，指挥台宣布表演开始。两个少先队员把一艘二尺来长的气垫船放下水。随着螺旋桨的转动，气垫船划开水面向前冲去。接着，从船底喷出强大的气流，气垫船就离开了水面，像离弦的箭一样向前飞驰。一个参加表演的同学，通过扩音器告诉观众：真的气垫船不但能在水上航行，而且能在雪地和沼泽上航行，能越过壕沟，还能沿着山坡向上攀登。小小的气垫船又快又稳地在波光粼粼的湖面上奔驰着。我兴致勃勃地边看边想：他们能做成这么好的气垫船，真了不起！

136. 放风筝

操场上早就聚集了不少的人，许多小伙伴早已开始放风筝了。他们在操场上跑来跑去，有的为了能使自己的风筝飞得最远，就拽着引线飞快地跑着；有的想让自己的风筝飞得最高，便拼命地放线；有的看见自己的风筝飞得很好，高兴得在地上跳得老高；有的看见自己的风筝飞得不理想，急得直跺脚……这些小风筝迷啊，望着自己的风筝飞向高空，心中无比欢乐，奔跑着，欢呼着，跳跃着。天空中飘荡着许多风筝，有漂亮的大金鱼，有辛勤的小蜜蜂，有眨眼的卓别林，还有调皮的孙悟空，各式各样。它们颤颤悠悠，互比高低，都在向着蓝天，向着白云，向着未来展翅飞翔。

137. 老鹰捉小鸡

上午下了第一节课，我们兴致勃勃地来到宽阔的操场上，做一个有趣的游戏——老鹰捉小鸡。体育组长先给我们分工：齐炎当"老鹰"，刘岩松当"母鸡"，其余同学当小鸡，在后面一个个地拽着后衣襟。"老鹰"气势汹汹地站在对面，就这样摆好阵势。"老鹰"瞪大双眼盘算了一会儿，先向左边扑过去。"母鸡"伸开双臂左拦右挡保护着她的小宝宝。"小鸡"们拉得紧紧的，急忙向右边跑。"老鹰"扑了空，他眼珠一转，原地转了两圈，向右猛攻。"母鸡"机警地带领"小鸡"躲向左边。"老鹰"还是没有捉到"小鸡"。这时"老鹰"更凶了，他看到"母鸡"和"小鸡"跑得满头大汗，累得气喘吁吁。他突然张大嘴巴，趁鸡妈妈不注意又向右后方冲过去。"小鸡"们惊慌了，一只离队的"小鸡"被抓住了。他站在旁边，眼巴巴地看着我们，渴望能把他救回到温暖的集体来。

138. 放小船比赛

　　我们到了操场西南角的小河边，开始放船比赛了。第一组的同学不一会儿就放完了船。该到我们组了，这时，我的心怦怦直跳。我想：我没有经验，能拿到第一吗？这时，老师喊："预备，放。"我把船放到了水里，可是今天没有风，我们只好用手拨水推船前进。开始我的船在后面，我使劲地拨水，没想到由于用劲太大，水都进到船舱内，船翻了。我用了第二只船，这只小船给我出了力，它像离弦的箭一直向前冲去，超过了所有比赛的船，我得了第一名。同学们都为我鼓掌，我的心高兴得都跳到嗓子眼儿了。

139. 过泼水节

　　到了西双版纳的头一天，我们有幸接受傣族人民的邀请，来到了傣族村，和傣族人民一起过泼水节。

一进大门，就看见傣族人民正在敲锣打鼓，欢迎我们的到来。我们先欣赏傣族人民跳的傣族舞，傣族姑娘跳得那么美，我们不时发出热烈的掌声。演完节目，我们就开始和傣族人民一起过泼水节了。我端着一盆清水，正准备泼的时候，响起了清脆的鼓声。随着鼓声，人们开始互相往对方身上泼水。大人们泼得衣服全湿透了，而我们小孩泼得最开心。这时，我看见一位叔叔想泼一位老爷爷，我便悄悄地拿着一盆清水迅速地往他头上一泼，"哈哈"，这位叔叔被我泼得成了一个"落汤鸡"。我真开心，因为我击中了一个目标。正当我又端着一盆清水，寻找目标的时候，后面一位叔叔端着一盆水往我身上一浇，"哇!"我的衣服全湿了。这时，一群傣族姑娘一个又一个地往我身上泼，我被泼得像一只"落汤鸡"似的。

140. 大年初一

大年初一的早晨，男女老少都穿上了最漂亮的衣服、鞋袜。在震耳欲聋的爆竹声中，拜年开始了，一家人按辈份拜年道喜，互相祝贺一年安康、如意、发财。小孩打赏钱，祝他们又长一岁，学习进步，淳厚的人情味令人感动。初一是新年的第一天，这天早晨一般是不做米饭吃的，专煮长条的米粉或长寿面吃，意味着富贵长寿，午餐多吃去年留下的旧饭菜，意思是去年有余，来年更富裕。每家每户的桌上都摆着家乡的特产：柑、橙、柚子和香蕉等水果，还有米花、白散、苏角、茶泡、脆子……应有尽有，任人品尝。从早8点，人们就开始陆续走上街或到公园尽情地玩乐一天。

141. 守岁

　　玉林人把过春节习惯叫做过年。一年一度的春节，人们非常重视，各家各户前半月忙着筹办各种年货，卖年画、春联、鞭炮的，生意特别兴隆。街上，红红绿绿的年货摊点遍布，人们喜气洋洋，到处充满送旧迎新的节日气氛。除夕之前，年货早已供足。除夕中午，无论城镇还是乡村，各家各户都帖上了大红的对联和各色各样的门神，大多是为祈求吉庆，赞美春光。远方的游子回来了，在外地工作的亲人们回来了。除夕之夜，全家团圆，通宵不寐，灯火通明，全家人高高兴兴地吃了一餐团圆饭后，叙旧话新，互相鼓励，祝贺来年有个良好的开端，这叫守岁。

142. 东兰壮乡的童节

　　我从小就对祖国各地少数民族的风俗习惯深感兴趣。有的民族风俗象征吉利，有的预兆来年五谷丰登，有的意味幸福吉祥……其中我最喜爱的是广西东兰壮乡的童节。

　　在东兰县纳秋、尾雅一带的壮族群众，每逢农历二月初二都过童节。今天正好二月初二，一大早，每家的爸爸妈妈都在公鸡叫鸣前，把自己可爱的子女唤醒，并说些大吉大利的话，然后让年龄最大的男孩子持燃香及爆竹，抢在公鸡将要啼叫前，"噼噼、叭叭"地燃放起来，这还叫做"堵鸡嘴炮"哪！一炮引来百炮鸣，阵阵爆竹一停，各家各户活泼可爱的小孩纷纷点燃火把，到大山下流水淙淙的清泉边喝"仙水"，并欢快地唱起歌谣："唱'仙水'，喝'仙水'，男的壮来女的美！男的长大种粮成山，女的长大种棉成堆……"

143. 放河灯

今天是金桔会开幕的第一天。上午，在中河河面举行了隆重的开幕式。听说晚上还要举办河灯、焰火晚会，我们可高兴啦！吃了晚饭，我和爸爸、妈妈一起来到河的石堤上，岸边早已人山人海，挤得水泄不通。

大约七点三十分，指挥台宣布开始放河灯。坐在石梯上的幼儿园小朋友们和家长们，纷纷把自己的河灯点亮，在工作人员的帮助下放下水。这时，毗河上游的第一燃放点的河灯已经漂下来了，远远看去，就像一串闪闪发光的宝石。两路河灯汇合到一处，像一颗颗灿烂的夜明珠把三江之夜点缀得璀璨迷人。河灯的种类可多啦：有的是含苞未放的荷花，有的像洁白无瑕的玉兰，有奔腾的骏马，有可爱的小白兔，精致的宝塔，威武的战舰……大多数河灯都是用泡沫做垫底，竹条做骨架，彩色皱纹纸糊成的，再配上精心的绘画，中央放置蜡烛或电池灯泡，造型千姿百态，巧夺天工。河灯浩浩荡荡顺流而下，布满了宽阔的河面。这里到处都是五颜六色的灯，到处都是光彩夺目的夜明珠。它们将随着沱江的流水，飘向奔腾的长江，飘向遥远的大海。

144. 中秋节

今天是中秋节，听人说十五的月亮格外圆。果然，今天的月亮又亮又圆。看着天上的月亮，我不由地想起唐代诗人李白的诗句："床前明月光，疑是地上霜。举头望明月，低头思故乡。"我想远在法国的姑妈和小堂弟今天也一定在看这个月亮，在想念祖国。我恨不得长上翅膀，飞到法国巴黎，告诉他们，我们全家都很好，我已经念三年级了，还当上了语文课代表。我多么希望他们早日回来和亲人团聚呵！

145. 元宵观灯

刚刚送走了马年的除夕，又迎来了一年一度的元宵佳节，家家户户都喜气洋洋。

我和表妹也兴高采烈地到街上观灯。啊！大街上真是人山人海。向前看，是一片黑压压的人群，向后看，更是人头攒动。城乡几千群众在灯的世界里，摩肩接踵。他们急匆匆、喜滋滋地朝前挤着，瞧那神气，好像慢走一步，就会失掉什么似的。

大街上不仅人多，灯也很多，在市中心的几条主要街道上，一盏盏千姿百态的花灯，真令人眼花缭乱。有贼头贼脑的"老鼠灯"，有活灵活现的"猴灯"，有栩栩如生的"金鱼灯"，有小巧玲珑的"船灯"，还有全身洁白的"羊灯"……真像走进了神话的世界，迷人的天堂。

146. 我爱红蛋节

每年农历二月初二，是我们苗家架桥、祭桥的节日。这天，假如你到我们这儿来，定会使你开心。

二月初二，做母亲的给孩子们穿红戴绿，打扮得漂漂亮亮。孩子们有什么要求，父母都尽量满足。母亲还给孩子们织蛋网，煮鸭蛋，并染红染绿，挂在孩子胸前，好看极了。所以这天也叫"红蛋节、儿童节"。

这天，男人们都自发地行动起来了：架桥的，修桥的，补路的，真是忙碌。你可以看到：破损的桥修好了，塌陷的路补好了，凸凹不平的路整平了……

然而，最隆重的要算架桥。男人们把砍来的圆木扛到溪边，架在溪水上，然后用泥土铺在上面，踩紧，新桥架成了。人们又将红、绿纸剪成花条，缠在竹篾上，弯成弧形，插在桥的两边，再在桥上烧香焚纸，杀鸡，杀鸭，就地煮熟。一切就绪后，取红蛋、糯米饭、米酒等佳肴摆在铺着一块新布的桥头上，举行桥头宴会。大家都围在桥头上，席地而坐。这时如有过路的客人，必请来一起喝酒用餐。客人中有男有女，有老有少，真是皆大欢喜。客人往往吟诵一番贺词，祝桥主人发财致富，万寿无疆。于是喝酒唱歌、猜拳行令起来。你敬我一杯，我还你一碗，觥筹交错。酒到酣处，人影散乱。酒歌声、行令声不绝于耳。醉了，便翩翩起舞，跳起苗家舞来。人们欢歌笑语，尽情欢乐，直到日落西山，天黑方散。

147. 棒棒会

正月十五棒棒会，是家乡纳西族人民的传统节日。据说棒棒会是交流竹木农具的盛会，热闹非凡，地方特色很浓。

来到新街一带，好个棍棒的世界呀！长棍、短棒、粗中带细、细中有粗、扁的方的、长的短的，应有尽有；摊内有摊，摊外也有摊，热闹极了！听妈妈说，正月十五是春节的结束，也是春播的开始，家中炊具，农用工具，哪一样也离不开棍棒。这不，满街的人有谁不在看棒，摸摸这根，看看滑不滑；压压那根，试试硬不硬；瞄瞄它，瞧瞧直不直；掂掂它，估估重不重。少的拿着两三根，多的扛着一大捆，笑着，走着，继续朝前张望着。

148. 纳西风俗——摔跤

到了跤场边，首先投入你眼帘的是人的海洋——树上坐满了人，地上挤满了人。叫卖声、欢笑声、嬉闹声掺杂在一起，"三弦"声、马叫声、风声连成一片。

到了一点钟左右，村里的代表就排着队来了。这支队伍就像一条长龙。队伍在跤场上走了一圈后，就开始表演节目。青年们跳起"三弦"舞，这也是我们纳西族的一种风俗，每当过年过节都是这样跳"三弦"舞的。随后是学生表演。表演结束就开始摔跤了，我们纳西族摔跤既争名次又讲团结。如果你败了，对方就会把你扶起来，还舀水给你喝。

149. 抓周

当妈妈生下我之后，地球绕太阳转一周时，奶奶便忙着为我"抓周"。对我来讲，这可是件"头等大事"。据说"抓周"那天，家里来了许多贺喜的客人。酒席刚过，奶奶便兴冲冲地端来一个筛子，上面摆着钢笔、算盘、鸡蛋和土块等物品。奶奶抱起我，让我抓东西。才一周岁的我知道什么，就在我把手伸向土块的刹那间，奶奶赶忙把钢笔推到我手下，我本能地将笔攥得紧紧的。这下简直满堂轰动！有的说："这伢子以后一定是个做学问的。"还有的说："她将来肯定上大学、当干部……"尽是些"吉利"的话。奶奶连声道谢，高兴得连嘴也合不拢。

150. 上梁

喷薄而出的朝阳从东方露出了甜甜的笑脸，空中的云彩就像镶上了金边一样光彩夺目。此时，土家山寨——簸箕乡如京村披上了金色的盛装，一阵噼噼啪啪的鞭炮声打破了山寨的寂静。

原来，外公家建了新屋，今天上梁。上梁是土家族人的一种喜庆仪式。不到十来分钟，院子里便人山人海了。开始上梁了，木匠师傅双手托着一根足有几米长的大梁。过去，人们信迷信，给梁上画了个大大的太极图，好赶鬼避邪，保佑自家平平安安、无灾无难。如今，上面写着"社会主义好"之类的字，还挂着丝绸做的大花，表示吉祥如意。木匠师傅来到梯子前，他上一步，念一句："上一级，步步高升！上二级，四季发财……"人们站在下面，静静地听着，看着。今天，外公特别高兴，他额上的鱼尾纹舒展开了，精神矍铄，慈祥的脸上露出温和的笑意。只听"咣"的一声，屋梁不偏不倚地放在两根中柱子间，显得那么稳固，那么坚实，引来一阵喝彩声。

151. 春节庙会

春节逛庙会已成为人们的必选节目。一见到庙会的热闹场面就难耐心中的喜悦和冲动。

小时候，逢年过节总是缠着大人去逛庙会。当时就知道玩的高兴，买很多小吃零食，小玩艺儿，边走边吃，又玩又乐。

长大后成了家就是带着孩子逛庙会。在人的海洋里，尽情满足孩子们的要求买她们要买的，玩她们要玩的，吃她们要吃的。

今年散了，盼着来年，就在一年一年的期盼中，孩子们盼大了，自己也盼老了。前几年由于上班的原因，加上不小不老的年龄一直没有逛庙会了。今年初四，小学同学聚会路过厂甸，一下就被那锣鼓宣天的热闹场面吸引住了。我不由地随着拥挤的人群走进了庙会。

首先映入我眼帘的是老北京的各种传统手工艺品：风车、娟人、风筝、剪纸、空竹、微雕、脸谱、草编……不由地让你想起悠远的过去，感受历史的沧桑。在庙会中更能体会浓浓的亲情。寒冬腊月，带着孩子，陪着父母赶庙会是春节间的一件乐事。

在庙会上民间小吃大显风光香味浓浓，品类繁多：羊肉串、杂碎汤、灌肠、豆汁、糖葫芦、奶茶……应有尽有。只有您想不到的，没有您找不到的。

看着人们的吃相就是一个字：香，两个字：真香，三个字：特别香，四个人字：相当的香……饱完口福该饱眼福了。眼福最让我难忘的是民间杂艺表演，说相声的，变戏法儿的，抖空竹的，演杂技的，踩高翘的，演皮影的，唱京剧的，吹糖人的，捏面人的……让你目不暇接。

152．烟花

去年过年，随着震耳欲聋的响声，一个个烟花像火龙一样，呼啸着，腾空而起，烟花在黑黑的夜晚中升空、绽开，放出像一朵朵美丽的小花，太漂亮了！红的、黄的、绿的、紫的，五彩缤纷的烟花有的像小鱼吹出十几个泡泡；有的像炮一样飞到天上炸出了无数个小亮点；还有的像流星雨一样，一闪而过……

153．五彩缤纷的烟花

烟花放出去的时间虽然很短，但是它尽情地燃烧，放着自己的美丽。从地面上到天空，这些五彩缤纷的烟花把天空映的美丽极了！

154．芦笙节

流行于贵州的凯里、麻江、丹寨各县交界的舟溪一带。各地的节期不统一，一般在农历的正、二或三月，个别地区选在七月举行。主要是祭祀祖先，庆祝丰收。一般在节日之前要举行仪式，先由某村德高望重的老人主持祭祖，与此同时，各家各户都在自家自行祭祖，随后各村各寨的姑娘穿着盛装，佩戴银花银饰，小伙子和芦笙手们都各自带着芦笙，从四方八面向芦笙场地涌来，各村的青年男子都各自围成圆圈，吹笙跳舞，持续四五天，气氛十分热烈，是一种融歌、舞、乐于一体的群众性的文艺活动。

155．海面上

海面上有几艘快艇，闪电般地在海面上往返地穿梭着，船的身上被划出的浪花飞溅四射，看上去好惊险、好刺激。听妈妈讲，他们是到崆峒岛观光的。崆峒岛离烟台山只有几海里，崆峒岛内树木枝繁叶茂、花草争荣、鸟语花香，可以说是一个自然的"岛屿公园"；渔民淳朴善良、粗犷奔放、热情好客，在岛内竖杆垂钓，吊上来的鱼虾，就地下锅，原汁原味、新鲜可口，朋友相聚，别有一番风趣。特别是崆峒岛的附近还有数个无人居住的小岛，有些岛远远看去，有的像海龟，有的岛像天鹅，有的像卧佛，有的像……这些小岛至今在民间还流传着许多动人美丽的传说呢！

156. 站在海边

　　岸边的石凳上坐着悠闲的人们，有的在闲谈说笑，谈的有滋有味。公路旁还有一些卖菠萝串的在叫卖，叫卖声随处可闻。海边还有几个搞清洁的清洁工，他们拿着大扫帚把海边打扫的一尘不染。我想，如果人们从此都像这样爱护、保护环境，我们居住的烟台市会更美丽，也会成为人类最适合居住的绿色家园。我站在海边傻傻地看着波浪起伏的大海，我已被波澜壮阔的大海和周围迷人的景色给陶醉了，吸引了，我已爱上了这一望无际的碧蓝的大海，已是对它恋恋不舍，仿佛有了依恋之情。

157. "舞龙"场面

　　运动会那天，我们进行了舞龙表演。伴随着"龙的传人"，我们开始了表演。女生投入地跳舞，每一寸力气都到了指尖，每一份专注都到了心田，汗水流了下来，我们不顾。膝盖早已磨成红色，我们也不管。那整齐划一的动作，那专心致志的神情，坚定而又自信，迸发着激情与活力。那时我脑中只有一个念头：把每个动作做到位，努力认真，坚定信念，胜利光芒就在眼前！男生舞着长龙，黄与蓝形成鲜明的对比，场面十分壮观。男生们卖力地挥舞，快速地奔跑，敏捷地穿梭，每个动作都是那样细致入微，淋漓尽致，他们的手臂急促地挥舞着，有力地挥舞着，大起大落的挥舞着。整齐一致的步伐踏出自信的一面。全班同学都投入其中，音乐，动作，认真，专注交织着，旋转着，升华着……那两条长龙在阳光的沐浴下金光闪闪，气势不凡，昂首挺胸，仿佛就要迫不及待地腾飞！

158. 双龙戏珠

看，那两条色彩绚丽的龙的道具，一到同学们的手中，便立即显得活灵活现。在"双龙戏珠"时，这两条龙便像小孩子似的嬉戏玩耍。只见这两条龙慢慢地开始向上盘旋，之后还不忘"摇头摆尾"——它们似乎非常开心，头不断地上下左右地摇摆。而这时，它的尾巴也没闲着，微微地摇摆着。眼前一片云海，只见有什么东西时隐时现地躲在云中。仔细一看，原来是两条龙在云海中穿梭。

159. 活灵活现的龙舞

我们经过三天集训，在开幕式上把龙舞得活灵活现，惟妙惟肖。让人看了无不啧啧称赞。当时我们都以小跑，龙如波浪一般连绵起伏，忽上忽下，忽高忽低。看了这样舞动的龙使我不禁想起波涛汹涌的海浪。这是一幅多么壮丽的画面啊！

160. 精彩的舞龙

举起龙，用尽全身的力气，和龙头老大的方向一样！1！2！3！甩起来，节奏要慢一拍，但要比后面的人快！随着音乐声一起，和节奏一起动起来。甩的时候，幅度不要太大，太大就会打倒龙下面的人。此时，我真感受到了自己的伟大。生平第一次舞龙，就能舞得这么精彩，觉得自己就像以前在电视里看到的舞龙的人一样。作为第2个成员，龙头下来就是我。虽然不是特别重要，但我要把它做好。用心去做才能把事情做好了。

161. 舞龙表演

音乐想起，舞龙表演正式开始。女生们跪坐着，上身趴在腿上，双手收在身体两侧，像球一样蜷起来。隐约可以看见男生在身边匆匆跑过的脚步，和"啪哒啪哒"的急促声响。可以想象他们急急地在由女生架起的障碍之间左右摇摆龙时的专注神情，生怕手上脚上出一点差错。男生脚步渐远，在心中默数拍子"4，5，6，7，8"起，拍手，收手，再来一次，再趴下，抬头伸手……

162. 练习舞龙

舞龙看上去是一件非常简单的事，但看起来容易的事往往做起来会很难！刚开始，同学们因听到"龙"的价钱外加上没什么经验，大家都小心翼翼的，不敢有丝毫的怠慢，怕把龙摔着了。手把舞龙的杆子握得紧紧的，都快要把粗粗的木杆握断了！

后来同学们都渐渐地把动作练熟了，开始大胆起来，挥动的速度变快了，幅度也逐渐加大了，脚步也在不知不觉中越来越协调了。整个两条龙一下子就活了起来！

在舞龙的那些练习中，我看到了我们班男同学们的团结心。其实舞龙说难不难，说简单不简单，如果没有团结心，大家自顾自，那么花再长的时间，这龙也不会活起来，反倒会被折磨死。

163. 排练舞龙

当我们做这些动作的同时，男生们手举杆子，双手摇晃着布龙，随即向前奔跑。尽管之前排练时，他们总是一副吊儿郎当，毫不在意的样子，但真正表演起来，他们还是不负众望。随着龙珠左右摇摆的节奏，男孩子们也一个个认真地左右摇摆手中的杆子。我仿佛看到两条鲜艳的龙在云雾中穿梭，时而互相追赶，时而龙身扭在一起，时而相互嬉戏……

164. 看乒乓球比赛

"王励勤，加油，中国队，雄起！"随着观众此起彼伏的呐喊声，中国对韩国的世界杯乒乓赛决赛被王励勤与韩国柳承敏的几个大力远拉推向高潮，场内翻滚着一股热浪，坐在电视机前的我们，也目不转睛地看着电视，我、爸爸、哥哥戴着头巾，挥舞着乒乓拍，用力捶着茶几当起场外拉拉队来。王励勤又胜一局，在加油声中一路高歌，这时，对方柳承敏奋起反击，几个短摆，直线，反手对拉，利用王励勤侧身过多，迎头赶上，观众的叫声更响亮了，震耳欲聋，把电视机前的观众的心深深地震撼了。我们一家也急得直跺脚，索性脱掉衣服在此挥舞。终于，王励勤不负众望，在掌声与欢呼中尽显他的王者风范，一声大叫，一个手势，又使他崛起赢得了比赛，我们也抑制不住兴奋之情，相互拥抱起来。

165. 运动场上

运动场上，运动会正在激烈的进行着。看，现在进行的是男子100 米决赛，经过刚才的激烈角逐，现在所剩下的运动员应该个个都是体育精英。瞧，他们正摩拳擦掌，跃跃欲试呢，一副自信满满的样子。运动场外，观众的加油声仿佛大海的波浪一般，一阵高过一阵。

裁判员一声令下，比赛更是被推上了高潮。运动员的奋斗拼搏，观众的加油呐喊，不禁使人联想到北京2008年奥运会的比赛场面。那时，虽然我不能亲临赛场观看比赛，但此时的我已过足了奥运会的瘾。

166. 跳远运动

助跑、踏条、腾空、落地，一条美丽的弧线，一个轻捷的身影从眼前掠过踏在沙坑走向胜利！

167. 跳高场面

操场一角沙坑上，一根竹竿静静的横在两个木架子上。距竹竿七八米的西南角，一个运动员深邃的眼光注视着竹竿，右脚轻轻地往后一蹬，开始助跑，渐渐地速度在加快，在离竹竿约两步的地方，他左脚用力一蹬，随即右脚向上一抬，继而整个人越过竹竿，轻松着地，竹竿依然静静地躺在木架子上，他成功了，这个高度只是他跳的最低高度，就像是他人生路上树立的第一个目标，以后还有更高的目标等着他去实现，他还能这么轻松就实现了吗？竹竿慢慢地往上抬高，运动员一次又一次地越过了。竹竿每抬高一次，运动员付出的汗水就要多一份。是的，人生路上，哪有平坦的道路，你想多一分成功，你就得多付出一份汗水。

168. 赞800米运动员

在赤色的长廊上，有两圈弧长，

在绿色场地上，有你的明亮，

画出两圈生命的轨迹，
夺得无数由衷的惊喜。
迈出不一样的生活旋律，
奏出不同凡响的歌曲！
你的表演场，让你自由徜徉！
你的起飞场，舒展你的翅膀！

169. 1500 米跑步运动

你是否感到，烈日的照射那是烈日对你的祝福；你是否感到，彩旗的摇摆那是彩旗对你的呐喊；人们的注视那是人们对你的希望。祝福在你身边，呐喊在你耳边，希望在你心中。

170. 3000 米跑步拼搏

你是运动场的心脏，跳动梦想；你是漫长路的精神，激励辉煌；你们是将上下求索的人！风为你加油，云为你助兴，坚定、执着、耐力与希望，在延伸的白色跑道中点点凝聚！力量、信念、拼搏与奋斗，在遥远的终点线上渐渐明亮！时代的强音正在你的脚下踏响。

171. 3000 米跑啊跑

跑啊！无休止地被追赶，尽头遥远，有点惶恐，却无理由。和着彼此粗重的喘息，渐渐失去了意识的翅膀像鸡毛掸子拥有了羽毛，却无力飞翔，劳累却不能停止。跑啊跑！

172. 3000 米跑步场面

走过荒山野岭高峡低谷，我们在沿途燃起篝火，一站一站的路被抛在身后，我们感到疲惫感到困惑。还有那么长的路伸向远方，远方那片星光藏在哪儿，远方那棵童话树躲在何处，努力吧，奋斗吧！远方有我们的理想，有我们的希望！

173. 长跑运动绿茵场上

望着绿茵场上你愈渐沉重的步伐，赛前鼓励你的豪言壮语已变得苍白无力，此刻的我只有沉默，只能在心底为你默默地祈祷和祝福。明知赛场上的五千米是你的极限，你为什么还要义无反顾地去挑战？我想因为终点是一座辉煌的里程碑，上面篆刻着蓬勃青春的注释——爱拼才会赢。

174. 长跑运动场上

运动场上有你飒爽的英姿，运动场上有你拼搏的身影。面对着漫漫征途，你没有畏惧和退缩。任汗水大湿脊背，任疲惫爬满全身，你依然奋力追赶，只有一个目标，只有一个信念。为了班级的荣誉，拼搏吧，让我为你们呐喊！

175. 长跑的拼搏

人类的力量在那一刹那展现，拼搏在那一瞬间化为生命的起点，在那一须臾万物化为虚有，只知道，胜利并不遥远，抬起头望望前面，终点线已依稀可见，无数个日日夜夜的辛劳，将在今日兑现。洒一把艰辛的汗水，继续抬起疲倦的脚步，爆发的一吼气贯长虹，继续向前，不论成功与否，你已曾经拥有。曾记否，在终点欢呼，震惊四周。

176. 绿茵场地

绿场地，红跑道，旗儿飘飘。

绿树环绕，微风徐徐，好一个赛场。

看，运动员英姿飒爽，青春昂扬；

听，欢呼声迅雷及耳，虎虎生气。

感受运动的激情，激起锣鼓阵阵！

这，是我们的校运会；

这，是我们展示才华的舞台！

177. 风一样的速度

坚定的步伐，高昂的斗志，风一样的速度。

枪声，吹响战斗的号角，

胜利，在终点招手，

勇士们，在疆场拼搏，

汗水，在风中挥洒。

追风英雄，我们为你骄傲，

我们因你而自豪。

178. 看台上的人们

　　秋日的风吹得日益猛烈，使得那飘零的树叶也加快频率地舞动着，似乎此刻它们也通了人性，为我们欢悦的心鼓舞。看台上的人们为场上拼搏着的运动健将鼓舞着，也祝福着那短短几分钟，又或者是几秒钟的力争上游，也许并不炫目也没有得到荣誉，可在那黄昏的夕阳西下时，那挥汗如雨的身影却永远铭刻在你我的脑海中；那整整齐齐的队列中，也许并不豪华，没有什么创新，可那队伍中站得笔挺的俊姿将时时刻刻回荡在你我心中。

179. 激烈的角逐场

　　正当大家把目光锁定在激烈的角逐中时，每一位幕后工作者忙碌的身影穿梭在你我中间：台上，学生会的干部正在挑选稿件，全校交来的一叠叠稿件，一篇篇翻阅，一张张登记；台下，学生会的同学们在记分员四周忙碌，奔跑于各个角落，为大家报来喜讯；跑道旁，医务室的老师正在为受伤的运动员医治。一幕幕，那感觉，无法用语言描述，无法用泪水表达，也无法把它执笔保存。那感动留在你我心中，就这样一生不忘。

180. 秋季运动会

　　可以说 2007 年奔放在秋季的运动会，是一次心灵的洗涤；2007 年奔放在秋季的运动会，是一次灵魂的交流；2007 年奔放在秋季的运动会是一次人生的回味……

181. 运动体育场

彩旗招展的地坛运动体育场，迎来了中学一年一度的运动会。在和煦阳光的照耀下，我们排着整齐的队伍，迈着矫健的步伐，昂首挺胸地走进了会场。这是我们在中学时代度过的最后一个运动会，每个人心中都充满了眷恋。

182. 运动会开始

运动会正式开始，运动员个个摩拳擦掌，准备大显身手。

183. 起跑线上

你看，1500米运动员已经站在起跑线上，做着轻松的准备动作，随着发令枪响，运动员们像一支支离弦的箭飞驰在跑道上。

"加油！加油！"我们班同学高声呐喊。奋力拼搏，坚持到底，完成了1500米的长跑——一项体力、毅力、耐力、速度的较量。虽然他并没有获得奖项，但他那种永不放弃的精神使每个同学都投去了敬佩的目光，你是我们班的骄傲。

184. 长跑选手

长跑选手积极进取，短跑选手也不甘示弱，对手可是堪称"传说中"的，但她仍飞速奔跑……

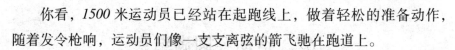

185. 别开生面的比赛

　　运动员在运动场上进行着别开生面的比赛，其他同学也不甘寂寞。小记者们纷纷拿着相机为选手拍照；吴岱卿和张文曦认真看着秩序册，时时提醒检录时间；赵一娜则管理着卫生问题，监督着每个同学做好保洁工作；杜朦和几位"才子才女"忙着写宣传稿，更多的同学在看台上用洪亮的声音呐喊加油。

186. 接力赛

　　最后一个项目是 4100 米接力赛，第一棒是贾辰，他拼命向前跑，准确无误传给了下个选手马吉龙。它经过了一个，两个，三个……最终冲过了终点。

187. 运动会圆满结束

　　运动会以圆满的结局结束了。每个同学心中都有着美好的回忆，希望我们可以把这次有意义的活动当作珍贵的记忆，封在"美好的相册"中。运动会像一首歌，一首拼搏进取的歌，谱写着更高、更快、更强的音符。

188. 地坛体育场

　　地坛体育场经历了多少春秋，开过多少次运动会，记载了多少笑声与汗水，承载了多少光荣与梦想，书写了多少成功与失败，见证了多少感动与喜悦。一路上洒满汗水，奋力拼搏，这些收获数不胜数。

189. 一年一年的运动会

一年一年的运动会，我们懂得很多很多，

一年一年的运动会，你会发现你在长大，

一年一年的运动会，你会发现你在成长，

一年一年的运动会，串连着青春，通向未来。

190. 呐喊助威

　　不顾形象的呐喊助威，张扬放肆的笑声，挥汗如雨的笑容，青春活力的身影，横冲直撞的背影；为了短跑而在深秋穿起的短裤，为了跳远不惜沾满土的裤子；跑道旁女生为男生准备好的水和毛巾，看台上各班同学一浪高过一浪的为运动员的加油呐喊声。这一切的一切是年少的我们共同享受的青春。

191. 接力赛场

　　我们班的接力出现了一个小小的失误，秒数和韩国班的成绩相差了0.03秒，转而成为了高中组第二名，还记得那天身着红色运动服的第四棒以光速冲过终点时，高二（2）班脚下的看台震动得都要坍塌了，本来信心十足的第一，但却因为小小的意外而改写。虽然有点淡淡的遗憾，但我们并不气馁，人生是在不断的惊喜中得以发展的，意外的出现促进我们努力地去创造人生的精彩，甚至我们能试着去打造意外，也可说是奇迹。它让我们下次会做得更好！

192. 看运动会

你看一次运动会，在成功与失败的背后，在光荣与梦想的光环下，在汗水与喜悦中：我们背着梦想，乘着青春飞翔，我们肆无忌惮的享受着阳光，一路走来，一起成长。

193. 举行运动会的日子

那天是举行运动会的日子，依旧是奋力的奔跑与无尽的呐喊，但是那天却出现了一位特殊的冠军，高一（2）班的比利时留学生—尤纳斯，他获得了高中组跳高比赛的冠军。

赛后，获胜的尤纳斯非常高兴，不仅因为他在异国他乡赢得了一个冠军，更因为大家把他当成了自己人。不仅是尤纳斯，德国女孩雅娜，韩国留学生集体……他们都在运动场上挥洒了汗水。

一直以来，运动会就是友谊与团结合作的展现，而六十五中的运动会特殊就特殊在它超越了国籍的界限，体现了国际青少年的友谊。在这样的运动场上，大家与不同国籍的同学一同合作或竞争，为不同国籍的同学加油助威……

这样，因国籍和语言产生的隔膜就淡薄了，剩下的，只是一样的热情……同往届一样的，这次运动会也发生了不少感人的事情，同学之间的友谊大大增强了，相信这次运动会一定会成为每个参加者记忆中的瑰宝。

194. 运动会的口号

从以前开始，运动会的口号就是"更高""更快""更强"，意思是激励人们跳得更高，跑得更快，掷得更远。但不知何时，这个口号退居二线了，取而代之的是"团结"与"拼搏"。有人说，运动会是最能体现素质的时候之一，因为在这里凝聚着集体精神，充斥着奋勇向前的拼搏精神。

195. 在运动会上

是的，事实确实如此。在 10 月 21 日的运动会上，可以看到一整个班为一名同学大喊加油的场面；可以看到有参加跑步的同学虽然落后了，但仍尽力冲刺的场面；可以看到低年级同学面对实力很强的高年级同学是毫不退缩的挑战的场面……

196. 运动会之前

团结与拼搏并不只体现在运动会当天上，它还体现在运动会之前的准备上。我采访了一些幕后花絮：有的班男同学少，每个人都要报两项项目，为了集体的荣誉，有人毅然报了最累的长跑，尽管他并不擅长；有的班级为了在会上取得好成绩，每天早上都集体练习跑步；还有那些制作班牌的同学，为了让自己班以优良的面貌展现在大家面前，他们不知花费了多少脑力，心力。

197. 运动会准备前夕

虽说大家的积极性很高，但是也难免出一些小的"插曲"。在运动会准备前夕，高一四班几个宣传委员在一起设计班牌，但是由于材料有限，当时的彩色画笔还是管别的班级的同学借的。但是没画几笔就没了水。这可急坏了宣委们，一名宣委说："这样，我们画一笔就在笔尖上哈一口气就好了。"就这样，为了画出来的效果好看，几个宣委们在玻璃上画，画一笔，哈一口气，终于皇天不负有心人，颇有新意的班牌在运动会的前一天晚上"竣工"了。

198. 运动会当天早上

运动会当天早上，太阳还没有出来，高一（4）班的同学们都穿得厚厚的衣服站在地坛运动场外。一进场，寒冷的风呼呼地向我们这边吹来。但似乎我们没有畏惧，还在听着体委的重复着我们班的口号"高一（4）班，非同一般！高一（4）班，勇得桂冠！"

199. 嘹亮的口号

听着嘹亮的口号，我们来到了观看台上找准了位置。"哎呀！翅膀掉了！翅膀掉了！"一位同学喊着。"什么翅膀啊？这哪有什么翅膀？"我们奇怪的转头一看，原来是班牌上的一个"翅膀"掉下来了。"这怎么办啊，一会儿的开场式总不能缺一个翅膀吧！"看着同学们焦急的心情，不知谁冒出一句："我带胶条了！"万幸，幸好有同学带了胶条，及时地粘住了那个"不听话的翅膀"。

200. 1500 米枪响之后

运动会在男子 1500 米的枪响之后开始了，高一（4）班首先上场的是 L 同学和 X 同学。同学们奋力为他加油，有的甚至都跳了起来。毕竟高一年级的同学能勇敢的和高三年级的同学跑 1500 米的精神是可嘉的。虽然 1500 米，我们班同学的成绩只能算是倒数，但是我们都很佩服两位跑 1500 米的同学，因为至少，他们可以高喊："我参加过 1500 米的跑步比赛!"在比赛过程当中，有的将要比赛的同学要去比赛了，一旁的同学就帮助他拿衣服；有的同学跑完之后很难受，大口大口的呼吸似乎连喘气都有些困难，旁边的同学就一直拍他的后背，希望他能快快好起来；有的同学坐在看台上觉得很冷，身子不由得哆嗦起来，旁边的同学就主动把自己的衣服借给他穿。其实这些好人好事的例子很平常，任何一个同学都可以做到，但是我们把它提出来，并不是想要告诉大家高一（4）班的乐于助人，而是想让大家知道，高一（4）班虽然在体育方面不是最出众的，但是它肯定是一个团结的集体。运动会虽然已经过去，但是它不仅仅带给我们强壮的身体，也清洗了我们的心灵。在运动会前后，虽然遇到了很多的困难与险阻，但是大家手拉手走了过去。这可能就是开运动会真正的目的吧。让我们团结一致，手拉手走完这布满荆棘的高中三年!

201. 中学的运动会

今年，是我们在这所学校的最后一年，这一场运动会将是我们最后一次参加中学的运动会，对于我们高三的这一群人来说，成绩已经不再重要，重要的是我们在这里曾经留下的美好回忆。

202. 入场式

入场式开始了，没有参加入场式的我和其他几个人坐在看台上传递着望远镜寻找着我们高三（1）班的队伍。要说今年的队形那可真是有特点，女生在前男生在后的排列正好让最小巧的王喆站到了队伍的中间，于是看台上的我们就看到了一个"凹"字。

203. 比赛像赶场

对于我来说，比赛像赶场一样，刚刚从 100 米的跑道上下来，来不及坐下歇会儿，马上就要是 800 米的比赛，尽管一无所获，甚至连个安慰奖也没有，我依旧乐在其中。当然这样的赶场活动所造成的后果便是直至今日，全身上下还无一处不酸痛，代价有点大，不过运动精神值得赞扬。

204. 赛场上人才济济

参加女生 200 米的徐海童和杨帆同学可谓是迎难而上，要知道 200 米的赛场上可是人才济济，不仅有校纪录的保持者，还有新晋的小将不容忽视。不过好在我们一向是比赛第二参与第一，下了跑道依旧兴致勃勃打出胜利的手势，祝贺我们取得了第一名的好成绩，不过倒数第一而已，最后一年了，努力过就够了。

205. 奋力狂追

要说到最冤枉的人那就非李昀柏莫数了，就说咱不一定拿个第一吧，但怎么也是不至于成为小组最后一名。就在发令枪即将要打响的时候，跑道旁热情的同学叫了一声"李昀柏!"，李昀柏也高兴的向后面挥了挥手。说时迟那时快，就在昀柏兄回头的时候，枪声响了，等他回过神开始奋力狂追的时候已经晚了，最后一名就这么到了他的怀里。真是可怜，就这么得了个倒数第一。

206. 跳高项目

最大的意外是李巍获得的高中女子跳高第三名。高一的时候，李巍曾经参加过跳高项目，成绩……别提了，非常糟糕。今年由于我班的跳高健将蔡欣同学因病无法参赛，李巍就临时顶替蔡欣又一次回到了跳高的赛场。最初的目的不过是为了填补一个空缺而已，结果李巍在这一次发挥的出奇的好，一次次跳过了她从没跳过的高度，最终获得了第三名。

207. 戏剧性结果

戏剧性的结果发生在高中男女组的 4100 米接力上。在本班女生们取得 4100 米小组第一之后没过多久，男生们也取得了小组的第一，只不过跟女生们截然相反，是倒数的第一。尽管如此，我们也没有责备他们，因为他们也尽力了。

208. 为你加油

树根越是深入大地，越能挺拔向上；

苔藓在被人遗忘的角落里，仍有青春奋斗的足迹。

只要站起来的次数比倒下去的次数多一次，就是成功。

所以，未充分发挥能力的运动健儿们，不要气馁。年轻的生命没有失败可言。只要努力了，就无怨无悔。所有在场的人都会为你加油，都会理解你。请继续昂扬，为自己感动！

真的，人生要是能有一个草稿，能再誊写一次，那该多好！我们会绝对认真地叙写自己的人生，也许不一定比别人写得更好，但肯定要比自己第一次写得漂亮。或许，人生不可能像自己想像的那样美好，一生的路也不可能都是平坦的，人的心情也不会永远静如止水。在生活中，有成功，也会有失败。因此，我们要放飞生命，也许远方很渺茫，也许我们要被"倾覆于人生的荆棘"刺伤，但我们仍无怨无悔。放飞，即使是黄昏，也必然布满歌唱的流霞，因为我们坚信，不经过战斗的舍弃是虚伪的，不经过劫难磨炼的超脱是轻佻的，逃避显示的明哲是卑怯的。阳光不会永远灿烂，没有一成不变的幸福，磨难或许是上苍赐予我们的礼物，用来考验我们的意志，如果是这样，就让我们微笑着面对生活。

209. 热火朝天的场面

热情地释放光芒的红日，被阵阵此起彼伏的加油声震撼，慌张地投入到乌云的怀抱。那群北飞的候鸟却因为热火朝天的场面而盘旋在运动场上，留恋着这里与寂静的天空截然不同的热闹。围绕在运动场边的树木，在秋风的频繁光顾下奏鸣出悦耳的树叶的交响曲，仿佛是为了配合场上的拉拉队，为奋斗的运动员们加油鼓劲。这是个非同寻常的日子，场上的学子们正在这个不同寻常的舞台上尽情地展示自己的风采，而周围的一切，一切的一切都在为之锦上添花，让她的存在显得更辉煌，让她的生命之花绽放得更加灿烂，这是完美的一切，值得庆祝，就让我们为之喝彩吧。

210. 诺大的竞技场

诺大的竞技场，期待着你矫健的身影，瑟瑟的秋风，为你送来爽朗的气息。朋友，在你踏上跑道的那一刻告诉自己——将信心进行到底，无论成功与否，请微笑着跑完全程，只要年轻的心还在蓬勃地跳动，就要大声告诉自己——将信心进行到底！

211. 交错的瞬间

　　丑小鸭渴望着有一天它能拥有一对洁白的羽翼，乌鸦期待着有一天它也能发出夜莺般动听的叫声。或许，没人能感受到它们对不可企及的愿望有几多的幻想，又有几多的失落。向来与运动会无缘的我，做场外观众的我，只为运动员呐喊助威的我，心中也有这样一个梦想：有一天，我能飞奔在跑道上；有一天，第一名的奖牌也能挂在我的胸前。一直是让老师担心能否达标的我，自然不可能作为运动员，代表班级，代表院系参加项目的角逐。撰写通讯稿，一直都是我最光荣的任务。我把我的激情，我的渴望统统用文字表达出来。成为拉拉队的一员，一直都是我最愿望干的事情。从这个场地到那个场地，为自己院系、班级的运动员鼓气加油，他们的发挥紧紧牵系着我的情绪。我憧憬着第一个越过终点线的人是我，我幻想着广播播的是我夺得了第一名……此时此刻，虽然脑海里浮想联翩，但我仍然安静地坐在大本营，写着通讯稿，仍然站在场边扯破嗓子地喊"加油"。没有获得荣誉的喜悦，我仍一脸灿烂的微笑，因为这样的天气，这样好的憧憬。

212. 校运会召开

　　校运会的召开，牵动着全校师生的心。校运会是展现文理风采的舞台，是检验文理素质的天平。校运会使大家汇聚一堂，谱写着文理人的拼搏进取之歌，团结协作之歌和奉献扶持之歌。

无疑，运动场上运动员成了宠儿，成为我们关注的焦点。当然，运动员们也不负众望："重在参与"展现着他们的积极状态，"为系争光"则蕴含着他们的集体主义情怀，"虽败犹荣"更是深含着他们乐观向上的情操。运动员展现在我们面前的永远是朝气蓬勃、永不言败的战斗豪情，因为他们坚信："运动着是美丽的"。

213. 后勤服务者

红花艳，有了绿叶的扶持，将是相得益彰。我们也不要忘记在运动员身后的后勤服务者。他们表达自己的心愿：赛场上展现你的英姿，赛场外编织我的梦想，愿你的英姿能圆我的梦想。任劳任怨是他们的工作态度，勤勤恳恳是他们的工作作风，他们乐为他人作嫁衣。因为他们深信："服务着是美丽的"。

214. 瞬间的凝固

比赛，需要公平公正，而担当这一角色的非裁判莫属。他们的职责是神圣的，他们的任务是艰巨的。他们践行着他们的承诺——严肃、公正、准确力争不出差错。一丝不苟是他们的工作态度，兢兢业业是他们的敬业精神，他们正是沿着"纪律"和"效率"的双轨进行着。因为他们明白："工作着也是美丽的"。

运动会中，一幅幅画面，一个个镜头，都跳跃着我们青春的身影，让人感奋、激动。我们会发现，运动会的一切都是美丽的瞬间的凝固。

215. 沙场秋点兵的运动会

一年一度的运动会如期而至。"沙场秋点兵"的壮阔，想必给了我们难以言喻的激情。于是，我放下手中的笔，去感受脉搏与心跳的激烈。在期盼中，在意料中，是悲是喜，是欢是狂，都未可知，但可知的是我们拥有这样一场运动盛会。我们曾经不计成本的付出都将在这和梦碰撞的季节里得到肯定和兑现，结局并不重要，让我们的智力、体力得以平等竞争，在竞争中透出我们执着的精神，自信的精神。我们渴望，我们支持，我们为登上领奖台的英雄喝彩，我们也为失败者鼓掌。因为，短短的一瞬间可以凝固成永恒的画面，述说不老的追求，演绎勇敢的品质。

216. 激情燃烧的时刻

在"碧云天，黄叶地，秋色连波"的日子里，学校第八届运动会缓缓地拉开了帷幕。在这里，你可以触摸到跳跃的青春音符，感受到燃烧的激情，体会到四射的光芒。《十日谈》中有这样一句话"攀缘的艰辛就换来了加倍的快乐"。运动会前期，我们计算机学院文艺部、实践部、自律部等各部人员干得热火朝天，如火如荼，正如巴金在散文《生》里写到："将个人的生存放在群体的生存里，群体绵延不绝，能够继续到永远，则个人亦何尝不可以说是永生。"人人都在努力，醉心于集体的欢乐。宣传部：出会刊，拉横幅，做宣传板，风风火火，好不热闹。实践部：蓄势待发，做好会前会后的各种准备工作……上下齐心，势如破竹，铸就崭新的一页。"团结就是胜利""友谊万岁""拼搏奋斗"的运动精神在这里已经得到了很好的体现。信念的坚定，可以使死亡转化为复活，使瞬间转化为永恒。为了心中的信念、自我的实现与塑造，看，当朝阳的光芒带来了新的生机，我们的运动员就早早地起来锻炼了。在沉寂和悄然中，他们已经为我们栽种了火种，相信在今年的运动会上，我们与时俱进，开拓创新，在运动精神的鼓舞下，一定会赛出好成绩的！

217. 赛场上

天清凉着，秋风徐来，让人神清气爽。

水气、云雾、氤氲扩散，在满赛场铺开、浸润，甚至渗透运动的气息，沐浴着拼搏的轮廓，反射着生命的律动，记录着永不消逝的影子。

绷带缠紧扭伤的痛处，纯净水轻按着局促不安的脉搏，热毛巾品味你额头的细汗。

我用沉醉的方式，永恒地定格在你那矫健飒爽的一跃，那潇洒利索的一挥，那永不言败的气势。

218. 啦啦队

你们说好想和我们一样在运动场上挥洒青春的汗水为班级增光添彩，可是有些事总是心有余而力不足。于是，你们把所有的热情和希望都倾注在我们身上。在跑道旁挥舞着双手，提高了嗓门，奔波忙碌着，到处都有你们辛勤的身影，却又默默无闻，毫无怨言，淡然如水，却又热情似火地。衷心道声"谢谢"，因为我们的成功也有你们的一半。

219. 校园运动会

时值秋暮冬初，虽然已过了今秋十月，然而初冬的雾日依然暖阳高照，校运动会在这样风和日丽的天气里如期举行了。清晨六时左右，已有不少同学在运动场上锻炼热身了。尽管清晨冷风袭袭，好不清凉，可是运动场上的朝气勃勃着实让观众暖心。到了八时，运动场便已是人头攒动了。在简短而庄重的开幕式以后，运动员们便纷纷集中到各自项目所在场地准备工作了。很快百米短跑便开始了。在崭新的塑胶跑道两旁啦啦队们也近如歇斯底里地加油喝彩了。裁判们认真地执法记录。这亦动亦静的欣欣场面好生让观众怦然心动。紧接着的 *400 米*、*800 米*、*1000 米* 的长跑就更是体现队友爱的大项目，长跑运动员用近乎完美的姿势让两条强健有力的腿在跑道上奔跑前行，用无比顽强的意志在向自己的目标挺进。而从旁陪跑的同学、朋友更是将友谊展现得淋漓尽致，他们气喘吁吁，还在不停为自己的队员们加油打气，当运动员到达终点后，又赶忙递上毛巾，送上饮料并扶持着在跑道上慢跑……田径场上的场景，处处是竞争，却又处处充斥着友爱的气息。此外，还有铅球、标枪、跳远、跳高等多项运动。学校为大学生组织着一场如此气势浩大，场面恢宏的运动会，旨在锤炼大学生积极参加学校组织的各项活动，为打造自身综合素质以适应中国建设社会主义的需要，成为一代强势人群！

220．校运会

雄鹰翱翔在天空，用它雄健的双翼与天空搏斗，因为他具有青春；嫩草生长在地，用它柔弱的身躯与大地抗争，因为它具有青春。青春并不承认沙漠，只要勇敢地往前走。是雄鹰，总会有飞向蓝天地时候，即使前面重峦叠障，暴风骤雨；是嫩草，就必有冲出大地的一天，即使前面困难重重。运动场上的健儿们利用青春，坚忍勇敢地冲向蓝天，做一只雄鹰吧！运动健儿们为你抒写新的开始，为你挥洒激情。他们用汗水洗清前进的道路，用努力为你铺就前进的基石。因为有了他们，你长大了，他们辛勤的拼搏即将为你塑造一个崭新的开始，成功的开始。

221. 拼！拼！拼！

生命需要运动，勇敢的运动员们，你们是雄心勃勃的一代我们是勇争第一的一代。人生能有几回搏？此时不搏待何时。拼！拼！拼！拼出我们的豪情，也拼出我们斗志昂扬的气概。在赛场上，我们英姿飒爽！加油！必胜！

222. 为你喝彩

成功了！终于成功了！我们为你喝彩，我们为你欢呼！你是最棒的，因为你相信自己，你是最厉害的，因为你有实力。你也是最可爱的，因为你展现着自己的风采。你，梁青青，自动化的自豪，你为自动化拉开夺分的序幕，也为运动员们拉开了竞争的氛围。GO！向前冲！你站着是一座丰碑，向前跑起更是一面旗帜。向前冲！胜利属于你！

223. 投身运动会

此文献给校运会，以及一切热爱运动、竞技的人们。轰轰烈烈地投身于运动会中，无论是竭尽全力地冲刺，还是声嘶力竭地呐喊，无论感到欣慰、满足、或是自豪、钦佩、崇拜，都是一种体能的释放，一种心灵的洗礼。人生仿佛巨大的竞技场，随着四季更替，伴随日升日落，在生活点滴，在危急时刻，或风和日丽，或暴雨倾盆，为成长，为立业，为欢乐，为伤悲，为自己，为他人……每个人都面向不同的对象，以不同的心态拼搏着，周而复始，循环不止。或许，有意无意之间，你已陷入一场惊心动魄的争夺之中，即使天崩地裂，日月无光，你毫无怨言，永往直前。既然心中已锁定目标，就抛却一切，以智慧、体魄为羽翼，以坚韧、刚强为动力，扶摇直上，挣脱束缚，跨越障碍，在终点处先拔头筹，在磨砺中超越自我。在竞技场上，你付出汗水，释放光芒；辛勤耕耘，收获成果；为别人喝彩，以努力拼搏精神，感动他人。在竞技场上，你证明自我，交朋结友，让生活更丰富，使生命更精彩。接受挑战吧！你会更坚强；直面困难吧！你将更自信。愿我们在竞技中成熟，用真正的实力创造美好的未来！

224. 扣动心弦的运动会

　　轻轻的你来了，正如你轻轻的扣动我们的心弦，使我们产生无尽的渴望，你是那样的有吸引力，令我们怦然心动，积极踊跃报名参加，你是那样多姿多彩，我们都期待着你的到来，一睹你面纱下的芳容；你是花枝招展的姑娘，在不远处的前方留下清纯的微笑，吸引我们向着你的方向前进，即使脚下有绊石有荆棘，我们也毫不畏惧，因为我们是年轻人！有火一般的热情！钢一般的决心！山一般的勇气！为了你我们可以起早贪黑，在每一个黎明的清晨，傍晚的黄昏留下清晰的脚印挥洒的汗水；为了你，我们如此不辞辛劳，只为在跟你相遇的一刹那展现我们的才华；以得到你满意的微笑，肯定的点头或亲切的奖赏；即使只与你擦肩而过，没有留下值得我们永远珍藏的记忆，我们也会毫不吝啬的挥洒我们的汗水————只为你，拼搏努力的过程即是一笔宝贵的财富，无论结果如何，我们无怨无悔。

　　运动会，在我们心中永远是最美丽的！运动健儿赞雷鼓阵阵旌旗展，宿将新英舞蹁跹，斩关夺隘夸佼子，捧冠膺奖誉人前。二次创业无言苦，赤心拳拳不畏难，他年若遂凌云志，敢教日月换新天。致百米运动员：你是飞翔的鹰，你是射出的箭，你是飞扬的火焰呀！你是刹那的闪电！迎着飒爽的秋风，你在与时间纷争，就在这短短的几秒你留下了永恒的矫健身影。

225. 踏上跑道

踏上跑道是一种选择，奔出起点是一种勇气，驰骋赛场是一种骄傲，执著坚持是一种胜利……

冲黑白相间的跑道，本不美丽。但因有你们，它才焕发光彩，在你们身上，散发出青春的气息。勇敢奔向终点的每一步，都是汗水挥洒的伟大，白色终点线，不管成功或失败。只要挑战自己，就是成功。致百米运动员：风的速度是你，与风赛跑，像匹骏马，飞跃在运动场上。胜利的曙光就在不远处，向着它冲刺。感受运动，运动是一把琴，只有把弦绷得紧些，才能弹出美妙的声音；运动是一面旗，只有把心向着风，才能迎风招展；运动是一颗辣椒种，只有深埋土中，才能发芽开花结果。致 1500 米长跑运动员，一个很大的数字。只有勇敢的人才不会畏惧。你双目透露出对胜利的执着，对路程的执着，任他人怎么寻觅，也找不到一丝的畏惧。你有不可言传的勇气与神秘，我们在你奔跑的路途中感受你的勇敢，你的坚定，你的神秘。初夏的银杏是你，让我们感受着旺盛，感受着夏天火热的味道。是你让我在这里看到精彩，看到坚毅，是你用行动告诉我们只要敢于挑战，一切皆有可能。看啊！我们为你握紧了拳头，为你祝福着。你不会趴下，我们支持你，永远，永远！相信着你，感受着你！

226. 热闹的操场上

在你的眼中，不在乎胜利的欢乐和失败的眼泪，完全只是为了展示生命跳跃的节拍。拼搏者，你是生命乐章中最响的音符。在你的心中，只有不停拼搏的信念，用自己坚实的步伐去迈开人生新的旅程。场上的拼搏者，你是我们永远的骄傲！蔚蓝的天空下，有你矫健的身影，热闹的操场上，有你坚定的步伐，美丽的鲜花后有你辛勤的汗水，我们的喝彩中，有你的自豪与骄傲！体育健儿们，我们知道你们的辛勤，我们了解你们的辛苦，加油吧！不论你是成功还是失败，我们都是你们坚强的后盾，胜也爱你，败也爱你，我们永远支持你，你们永远是"最特别的存在"。

我们每天都在尝试，尝试中，我们走向成功，品味失败，走过心灵的阴雨晴空。运动员们，不要放弃尝试。假如你成功了，这就是下一次尝试的动力；假如你失败了，就总结经验，吸取教训，继续努力。无论失败与否重要的是你勇于参与的精神，付出的背后是胜利；无论是否成功，我们永远赞美你，你们永远是我们的骄傲。努力吧，运动员！

拼搏喝彩在黑白相间的跑道上，留下了你们灿烂的身影。在枪响的那一刹那，似流星、似闪电，如骏马奔腾，如蛟龙腾空，如猛虎出洞，不在乎名次高低，不在乎成绩高下。努力拼搏，顽强奋斗，即使落后，也顽强不屈，永不退缩！

227. 阳光灿烂的日子

运动场上，有着健儿们奋勇拼搏的身影；观众席上，响着拉拉队员摇旗助威的呐喊。这呐喊，弥漫友谊的芬芳；这身影，凝聚着责任的力量。但无论成功或是失败，无论欢笑或是泪水，我们永远铭记，这充满奋斗的日子。

228. 向着终点冲去

某一天，醒在梦的旁边；手指间，光线有些特别；我能看得见，看见光在变，变成七彩的寓言，飞向梦的起点。某一天，飞奔在跑道间；两腮间，汗水不断流出；我能感觉到，感觉你在变，变成生活的强者，奔向成功的边缘！虽然，天阴沉沉的，虽然，有些隐隐的寒意。但是，每个人都昂首向前，每个人都精神焕发，每个人都向着终点向着胜利冲去！运动员们，你是我们的骄傲，我们为你们欢呼，为你们加油！

229. 我们的运动会

跑，跳高，加油声，裁判吹哨，他们干什么？赛场上比绝招，谁胜谁负不知道，参与才更重要。大家都别吵，快看快看，到终点，齐叫，好！古希腊的一块山崖上有这样的三句话："如果你想健壮，跑步吧！如果你想健美，跑步吧！如果你想聪明，跑步吧！"

230. 赞运动员

你的汗水洒在跑道，浇灌着成功的花朵开放。你的欢笑飞扬在赛场，为班争光数你最棒。跑吧，追吧！在这广阔的赛场上，你似骏马似离弦的箭。跑吧，追吧！你比虎猛比豹强。

231. 赞啦啦队

几许真诚的鼓励，几句亲切的问候，几注深情的目光，几多支持与帮助，带给运动员的是信心，是勇气，是誓夺第一的决心和毅力。几句呐喊，几束鲜花，阵阵锣鼓，片片掌声，带给运动员的是满足，是感激，是成功后的喜悦和快意。谢谢你，我们的啦啦队！

232. 跑道洒满阳光

是种子就该有绿色的希望，是种子就该有金色的梦想，不要躺在封闭的暖房。怕什么秋日薄薄的风霜，既然已走上了运动场，心里就不要多想。跑道已洒满阳光，不要羞涩，不要紧张，听秋雁在空中为你歌唱，快去拾取片片金黄，充满信心，就有希望。

233. 熟记的英姿

你的努力，使辉煌不再成为空中楼阁。你的奋斗，使胜利不再闪烁漂泊。在如茵的草地上，你的英姿被我们熟记。回想那成功的一幕，是如何的生机勃勃。没有什么能够取代，我心中的成功者。

有经历的人不喜欢无云的天空，我们不喜欢无泪的人生，因为，云朵也是一道风景，眼泪也是一种晶莹，不要总是遗憾，生命的美丽，常常在于过程，不要总是哀叹，一点点挫折，只会让人越战越勇。

234. 呐喊在遥远的地方响起

心中的呐喊，在遥远的地方响起，是人生的高歌，是人生的狂啸。

勇敢者的身影，穿梭在运动场上，年轻的心鼓成一张白帆，在蔚蓝的海面上，迎风招展。我们坚信：你们无悔的追求，定会成为运动场的闪光点。

从未成功的人们认为成功最甜蜜。要领略成功的滋味，须经过最痛若的寻觅。沉醉在成功里的胜利者，谁也说不清胜利的确切含义。只有失败者，失去听觉的耳朵里，才会迸出遥远的凯歌，是那么痛切而清晰！回味汗水，在你的努力中，你滴下了汗水，它浸渍着你的全身，映射着太阳和光辉。可是你知道吗？那是每个毛孔为之动容而流下的泪水。刚强属于你，欢乐属于你，你用它充实生活；诚实属于你，它是你人生的格言；勇敢属于你，它使你努力开拓；理想属于你，有了它，你就会勇往直前；光荣属于你，金牌是你的硕果，汗水在背后荡开涟漪，泛开的波形弯成跑道，她喊加油，加油声拉着速度向前飞奔，将光线撇在后面，撇下了一段彩虹的路。

235. 公平的裁判员

良好的开始是成功的一半，然而您们——裁判员老师，更是我们到达终点的关键。你们的公平是我们用以走路的脚；你们的耐心是我们迈过的步；你们的认真是我们走过的路，天平似的公正显视出您们正直无私的性格。请让我再说一次：裁判员老师，您辛苦！

无人喝彩——致大会裁判员：同样的骄阳，同样的暴晒，没有热烈的欢呼，没有激动的喝彩。你用精密的仪表，和细致的耐心，记录着运动员的辉煌。我为你们自豪，辛苦了，敬爱的老师！

236. 终点的裁判员

你们头顶烈日，默默无闻地用最公平的天平来衡量同学们的佳绩。

万人的欢呼呐喊中，你们并没有因为自己名字而懊丧，你们用你们最宽博的胸怀来对待现实。平日里，你们屹立在讲台之上，为莘莘学子传授着知识，为祖国的未来播洒辛勤的汗水；而今，你们又在另一片沃土上培育着你们的学生。在此，请让我们忠心的道一声："老师，您辛苦了!"

237. 严厉的教练员

您总是如父亲那样严厉，让我无所适从，我渴望您的温和。那天下午，我疲惫地伏在地上，却感到一阵温和的锤打。回头望去，是您，在微笑。永远不会忘记，在那个斜阳的日子里，您来到我身边，驱走我的疲劳，我记忆的深处，是回头时您那双微笑的和气的眼睛。

238. 参加比赛的老师

走下讲台，放下教鞭，一身运动装的老师，竟让我有些不太习惯。看惯了老师的正直，看惯了老师的威严，沸腾的运动场上，看到了老师灿烂的笑脸，也许身体不算强壮，也许脊背已经略弯，但你的风采丝毫未减，老师，加油! 请把您的火力尽情展现!

239. 操场上的裁判员

这竞赛的操场上，有掌声，有运动员的运动"美"，有啦啦队员的助威，当然还有我们辛勤的裁判员，汗水浸渍着汗衫，烈日灼烧着躯体。在这里，那边，在运动员的每份成绩中，无不浸透着裁判员辛勤的汗水，热浪击不溃执著的意念，是他们造就了我们，Thankyou，我们的裁判，我们会用自己的行动去博取冲击，为此换来一点良知的欣慰，运动员们，啦啦队员们，让我们为敬爱的裁判员们由衷地说一声谢谢吧。

240. 教练员来到草场

每一个晨曦，你带着朝霞来到草场。每一个雨幕，你踏着泥泞来到绿茵。您，亲爱的教员，曾把多少人才挖掘，又不辞辛苦的把他们培养成——中华的体育健儿！

今天是我们摘金夺银的日子，今天是我们接受考验和洗礼的日子，今天是我们拥抱胜利、承受失败的日子。但，更是您，我们的教练员收获硕果的日子，平日的心血在今天变为喜人的成绩。让我们在这激动人心的日子里，向您说一声："祝贺您，老师！"

241. 老师在操场上

在操场上，除了同学外，还有我们的老师，在课堂上，他们教授知识和做人的道理。今天在操场上，他们以自己的行动，为我们树立拼搏努力的榜样。虽然鬓角已有白发，皱纹已上眼角，但这些无法遮掩年轻的心！早晨的阳光照在每个人的身上，拼搏属于每个年轻的心房。

242. 欢乐的教练员

秋天，我和别人一样收获，望着我那干瘪的谷粒，心里有一种苦涩的欢乐。但我绝不因此而气馁，因为有您关怀着我。我把它们捧在手里，紧紧地，紧紧地放在您的面前。您的眼中流露着欢乐。仿佛是您收获一样，欢笑着。

243. 一群沸腾的人

小的不能再小的地方，站着一群沸腾的人；少的不能再少的奖励，只是胸前那一张纸片；没有过多的奢望，奖品，对他们来说那么缥缈，只有十分的企盼，十二分的服务；这才是场地工作人员的工作——谱写无私奉献的赞歌！

244. 遥远的终点线上

你是运动场的心脏，跳动梦想；你是漫长路的精神，激励辉煌；你们是将上下求索的人！风为你加油，云为你助兴，坚定，执着，耐力与希望，在延伸的白色跑道中点点凝聚！力量，信念，拼搏与奋斗，在遥远的终点线上渐渐明亮！时代的强音正在你的脚下踏响。

245. 迎接鲜花与掌声

不为掌声的诠释，不为刻意的征服，只有辛勤的汗水化作追求的脚步。心中坚定的信念，脚下沉稳的步伐，你用行动诉说着一个不变的真理：没有比脚更长的路，没有比人更高的山。希望在终点向你招手。努力吧！用你坚韧不拔的意志，去迎接终点的鲜花与掌声，相信成功属于你！

246. 5000米竞走运动员

直到双足亲吻土地的一刹那，就注定了马拉松式的"爱情"。用不懈的生命之激情，深植在厚重的大地之中。合掌、祈祷、祝愿，这一切不会不长久。我用汗水沐浴你我生命的辉煌，执著地注视着焦点会聚的远方。奥林匹斯山峰之巅的雪水，送来我最诚挚的恋之颂歌；赫尔墨斯的速度，飞一般的感觉，短短的生命只一瞬间，却远远不止5000米的征途。我只为驻守我纯真的恋情，行走在众神的目视之下。

247. 跑道中的步伐

低头看脚下的路，漫长的跑道中有你们坚韧的步伐，坚韧的步伐中有往日苦涩的汗水，苦涩的汗水中有指导老师的谆谆教诲。在夺取胜利的桂冠后，低头看看脚下的路，是那么短暂而又简单，但谁能体会运动员们的苦痛？低头看脚下的路，这短暂中有运动员艰辛的付出！

为梦奔跑一个金黄色的梦想，那样真挚而纯洁，为了这个美丽的梦，不惜曾经流过的汗水与泪水，只求最后的成功！要在蔚蓝的天空变成一只鹰，在空中翱翔！冲吧！运动健儿们！为了那美丽的梦想，为了那沉甸甸的祈祷，为了那撒下的希望，去奋力拼搏。前面是胜利的硕果，是强者就要去摘取，那就是你最终的辉煌！

灿烂的阳光，向秋天许诺，要为人间留下一份光芒；青青的草儿，向大地许诺，要给予年轻一份力量；我们向蓝天许诺，为赛场上的辉煌，去奋力拼搏！运动员们，放开步子，挺起胸膛，为了理想奔向前方！不要沉默，不要哭泣，承诺是永恒的主题！

太阳无语，却放射着光辉；高山无语，却体现着巍峨；蓝天无语，却表露着深邃；大地无语，却展现出甜美；赛场无语，却浸透了汗水；健儿无语，却憧憬着光辉。成也美丽，败也无悔，只要心中无愧。

248. 力与美的化身

伟岸的你，胸怀山河，镇定自若，大地似预感出什么，而隐隐不安期待着胜利者的豪歌。

持饼——目视，手中心儿早已飞到憧憬的远方。二十年磨一剑，不知谁人可摘今日胜果。

旋转——这一刻足以让所有的目光欢欣雀跃，这分明是不朽的雕像，力与美的化身——"掷铁饼者"。

抛出——沉寂许久的铁饼如下山猛虎般铁马金戈，如出膛的炮弹，雷声隆隆，气势磅礴。

欣慰——剩下的只有欣慰——跋涉千里沙漠发现绿洲才有的欣慰。此时——站在蓝天下的你，你如蓝天，天蓝如你。

249. 青春的盛会

我不知道翘首企盼了多久，望穿秋水，只为一睹你们在跑道上矫捷的身姿。当振奋的鼓声满载着祝福和加油声回响在你我的耳际，学子的心将化作勇气和力量与你一起飞翔。不管比赛多么艰辛，不管赛后成绩多么难看，你们永远是一个个全身心唱着生命颂歌的生灵，在一个个美丽的瞬间，无意而有力的显示着生命本身的毫无掩饰毫无造作的美。

欢呼，张开你的双臂，热情地欢呼，为青春欢呼，为运动欢呼，更为锐意进取努力拼搏的积极精神而欢呼。校运会，是青春的盛会，我们热情澎湃，激情在瞬间迸发成具体，我们用我们的热情欢呼。运动会上，选手们意气风发，为圆梦而欢呼；看台上，拉拉队员热情洋溢，为胜利而欢呼。年轻的朋友们，为我们的青春而欢呼吧！年轻没有失败！

250. 英雄的运动场上

英雄的运动场上的运动员们挥汗如雨，拥挤的看台上有我们期待的目光。其实。拼搏在体育场上的每一个运动员都是英雄。无论结果是成功的，还是失败的。在每一次的跳跃，每一次的奔跑，每一次的抛掷中，那都是力与美结合中迸发出的绚目的光芒。那冲刺的瞬间，那高高跃起的瞬间，有太多太多的瞬间，都可能定格成永恒的画面。运动员们站在运动场上，用拼搏证明他们的信念，用汗水浇灌他们的青春。他们就是英雄，坚持到最后，永不放弃！激情与激情的碰撞，才使英雄们如此夺目！加油吧！英雄们！

251. 追逐远方的游戏

树，是凝聚着纯粹到生命极致的灵感之魂。安静，是树思考的方式。它可以静谧地落叶，飘洒着生命的旧伤掩埋无尽的愁绪。因为静默，它丧失了追逐远方的勇气，也因为静默，他孤独的承担平凡的滋扰。只因为他不懂得用运动点缀生命，他不知道唯有竭尽全力释放才能创造璀璨。而运动是什么？或许是一场追逐远方的游戏。海子曾说："风的后面是风，天空上面是天空，道路前面还是道路。"而这些远方的意象似乎给了生命以期待的翅膀，那是想象力所赋予的奇迹般的辉煌。运动是拒绝脆弱的宣言，是彰显希望的动力，是诠释动感的激情。

252. 运动的美丽

无需诠释，赛场早已证明了运动的美丽；无需呐喊，红线早已记下了成功的永恒。昨天，在微微的秋风里，同学们架起了燃烧激情的篝火，将自己的青春，放飞在汗水的沐浴中。今日，在晴朗的天色下，健儿们信心不减，将希望的鸽子放出敞开的鸟笼。田赛场，铅球将划出优美的弧线；健儿将飞进浅浅的沙坑；无需说，直破云霄的飞箭，那是标枪在上演白日的流星；更无需说跑道上急促的闪电，那是健儿们猎豹般的身影。今天，我们一起，踏上新的征程。

253. 汗水撒在跑道

你的汗水撒在跑道，浇灌着成功的花朵开放。你的欢笑飞扬在赛场，为班争光数你最棒。跑吧！追吧！在这广阔的赛场上，你似骏马似离弦的箭。跑吧！追吧！你比虎猛比豹强。你是运动场的心脏，跳动梦想；你是漫长路的精神，激励辉煌；你们是将上下求索的人！风为你加油，云为你助兴，坚定，执着，耐力与希望，在延伸的白色跑道中点凝聚！力量，信念，拼搏与奋斗，在遥远的终点线上渐渐明亮！运动会，美丽的花环是用荆棘编成的。不畏艰难，坚持不懈，斗志激昂，群策群力，"友谊第一，比赛第二"，积极拼搏，赛出成绩，赛出风格，蓬勃向上的精神面貌迎接崭新的未来吧！挑战运动极限，演绎健美人学！

254. 参赛的运动员

最迷人的风景不是一马平川，最完美的人生不是顺境的时候。同

145

样，在运动场上，最美丽的风景并不只是在终点，起点也是一样的美丽；最棒的人也不仅仅是冠军，每一位参赛的运动员都是好样的。他们每一个人都很认真、很尽责地完成了他们的使命，毕竟冠军只有一个，所以运动员们，失败了不要紧，只要你认真地将比赛坚持到底，你就是成功的！

255. 运动健儿们

阳光将逝，余晖漫漫，我们斗志不减。生命因为信仰运动而辉煌，所有成功的璀璨鲜妍，所有失败的寂寞冷落，都将是漫漫人生途中的一道道难得的风景。运动健儿们，你们的每一次跳跃，每一次奔跑都牵动着我们的心。我们欣赏你们的风采，相信你们的能力！青春需要不平凡，加油吧！我们永远支持你们！

256. 矫健的身影

挥洒着青春的汗水，迎着初升的太阳，对着那个矫健的身影，是我们学校的同学在张扬着青春的个性，在为青春的生命呐喊。我们正值旺盛的季节，需要运动来激发内心每一个生命细胞。每一次的跳跃，每一次的投掷，每一次的奔跑，每次都是力量与激情的爆发。青春如此多娇，引无数英雄尽折腰；生命如此美妙，要张扬年轻的骄傲。加油吧！运动健儿们，尽洒英雄本色，在运动场上一决高低。

257. 足球场上

足球场上时不时传来欢呼声。放眼望去，碧绿的草坪上同学们正

146

在进行着一场激烈的足球比赛，你追我赶的场面热闹极了。正在这时最关键的一球射门了！同学们齐声喊道："球进了！"大家兴奋得手舞足蹈。

258. 小学部

小学部的楼房五颜六色，有橘子红的、浅蓝的、浅绿的、淡黄的……美丽极了，来到了小学部，就像来到了一个美妙的童话世界。这里的草地上盛开着牵牛花，它每天迎着太阳吹起了小喇叭；野朱槿像一个吃了辣椒红了脸的小姑娘；三角梅也绽开了美丽的笑容；爬山虎顺着墙爬，整个墙都被占满了，上面一大片绿色，时而点缀着紫色的牵牛花，真可谓"万绿丛中点点红"。

259. 中学部很静

一进大门，就来到了中学部。中学部的草地一大块一大块的，还种着高高的棕榈，差不多有三四层楼那么高。中学部房子的屋顶是橘子色的，在阳光下熠熠发光。中学部很静，中学的哥哥姐姐们都在抓紧时间学习。

260. 交易所早市

他焦急地盼望着赵伯韬和杜竹斋的电话。他们的公债投机就在今天决定最后的胜负！从前天起，市场上就布满了中央军在陇海线上转利的新闻。然而人心还是观望，只有些零星小户买进，涨风不起。昨天各报纸上大书特书中央军胜利，交易所早市一声开拍，各项债券就上涨二三元，市场上人头攒挤，呼喊的声音就像前线冲锋，什么话也听不清，只看见场上伸出来的手掌都是向上的。可是赵伯韬他们，仅放出二百万去，债价便又回跌，结果比前天只好起半元左右。据说大户空头还想拼一拼，他们要到今天看了风色再来补进。吴荪甫他们胜负因此只在这十二小时之内便见分晓。明天就是交割期。

261．股票交易场面

在一阵疯狂的举动中，可怕的喧哗竟到了这种程度，经济人互相之间的说话都听不见了。他们完全堕入激励他们的那种职业上的狂热之中，他们继续指手划脚，因为这方面的令人耳聋的低调早已无能为力，那方面的像笛子似的尖声更是微弱得等于零了。人们看见他们张开了大口，但听不见有丝毫明晰的声音从口里出来，现在只能用手来说话了：手掌由内转向外，意思就是抛出；由外转向内，意思就是买进；指头跷起来就是比数量；头动一下，便足以表示同意或不同意。这仿佛是一种使人群大为惊讶的毫无理性的行动，非内场人简直莫名其妙。在高处，电报台上，妇女们的头偏着，在这种不寻常的景象之前，她们现出又惊异、又恐怖的样子。在年金交易处，简直可以说是一种斗殴，一种中央突击，甚至是要动起拳头来的样子。至少穿过大厅这一面来去的两条人流，时时使那密集的人群变动自己的地位；这些人群不断地分散，又不断地集拢，有如船身前进中的激浪一样，不断消失，不断产生。在现货交易处与期货交易处之间，在人头浮动的浪潮之上，只有那三个牌价记录员还依然坐在他们的高椅子上。他们像沉船后漂浮在水上的残余之物，那几本登记簿成了几片白色痕迹罢了。由于人们向他们报告的牌价的迅速变动，使他们不得不时而掉向左边，时而又掉向右边。特别是在现货交易处那一厢房内，拥挤到了极点，甚至于看不到面孔，只能看到密集的人头黑森森地在那里蠕动，只有那凌空摇动着的笔记本子上一些小金字才使这些头发有点光亮。在期货交易处的场内，这时已充满了那些揉皱了的签条，于是形成了一种五颜六色的花彩。场内的四周，有灰色的头发，有发亮的脑盖，有因吃惊而惨白的面孔，有发疯似的伸长着的手，有乱蹦乱跳的身子，如果没有那些栏杆把他们拦着，他们仿佛就会跑出来互相吞噬一样。这最后几分钟的慌乱情形传染了所有的人，在大厅中人们互相挤压，那简直是一种大践踏，是被人放在一个太窄小的过道中的牛羊群的混乱状况。所有的外套都因拥挤而看不见了，这时，只有那些缎帽在玻璃窗透进来的暗淡光线下发出亮光。

262. 交易所的忙日

今天正是哈维·麦克斯威尔的忙日。股票行市指示器，开始痉挛地吐出一卷卷的纸条，电话机犯了不断营营发响的毛病。人们开始拥进事务所，在栏杆外探进身来向他呼唤，有的高兴，有的慌张，有的疾言厉色，有的刻毒狠恶。信童捧着信件和电报跑进跑出。事务所里的书记跳来跳去，活像风暴发作时的船上的水手。甚至毕丘不露声色的脸上也泛起了近似有生气的神态。交易所里有了飓风、山崩、暴风雪、冰川移动、火山爆发，自然界的那些剧变在经纪人的事务所里小规模地重演了。麦克斯威尔把他的椅子往墙边一推，腾出身体来处理业务，忙得仿佛在跳脚尖舞似的。他从股票行市指示器跳到电话机，从写字桌跳到门口，灵活得像是一个训练有素的小丑。

263. 挑新娘头上盖头帕

他抽出先前藏在靴子中的红纸裹着的筷子。他踌躇了一下，手微

149

微地抖着。他仰起头看。他有点胆怯，但是也只得鼓起勇气把新娘头上那张盖头帕一挑，居然挑起了那张帕子，把它搭在床檐上。一阵粉香往他的鼻端扑来。他抬起眼睛偷偷地看了新娘一眼，他的心怦怦地跳动。但是他什么都没有看清楚，他的眼前只有一些摇晃的珠串和一张粉脸，可是他却不知道是一张什么样的脸。他听见旁边有人低声说："新娘子高得多"。

264. 迎亲的车队

她端端正正的坐在三马拉的胶皮轱辘车当中，身上穿着红棉袄，下边是青缎子棉裤，脚上穿着新的红缎子绣花鞋子，头上戴朵红绒花，后头跟着一辆车，坐着两个吹鼓手，四个老爷子和两个媒人。马的笼头上和车老板的大鞭上，都挂着红布条子。车子进到郭全海的新家的时候，天色渐渐暗下来，日头卡山了。新娘的车停在大门外。小嘎们都围拢去，妇女们和男子也跟着上来，他们瞅着头戴红花，身穿红棉袄的刘桂兰，好象从来不认识似的。刘桂兰低着头，脸庞红了。这红棉袄是分的果实，原来太肥，刘桂兰花一夜工夫，改得十分合身，妇女们议论着她的容貌和打扮……

265. 娶亲行列

不一会儿，曼古看见远处有许多火把，时常有手的黑影，从漆黑的罐子里取油，然后移向火把。在娶亲行列的前头，走着全区最著名的乐队。两面鼓上飘着长长的绸条，挂着用珠子和贝壳做的装饰；两支笛子的铜管在火把的晃动的亮光下闪出一道一道的金光；维那琴十分别致地装饰着深黄色的穗子。乐队后面是一群骑马的人，他们包头上的漂亮羽饰真像孔雀开屏一样美丽。骑马人的小胡子修得整整齐齐，胡子尖傲慢地向上竖着。落在后面的人，狠狠地用脚后跟磕打他们那半死不活的瘦马的肋骨，企图叫马跳舞，或至少扬起那总是耷拉着、对什么都表示不满的脑袋。有几个骑马的人，刺踢自己的鞍辔齐全、打扮漂亮的马，马一跳动，险些儿摔下鞍子，他们大喊几声，企图博得周围的人同情。紧跟着马队后面，庄重地走着四只大象，大象的头、脖子、胸和四肢上拴着一串一串的小铃铛，发出悦耳的声响。在象背上搭起的轿子上，坐着一群美丽的乡村姑娘，她们羞羞答答，彼此紧紧地靠着。姑娘们的双颊绯红，耷拉在耳下的坠子闪出彩虹般的各种颜色。阵阵的急风吹散了她们的披肩和头巾，她们迎风而行，真像在人间会过情郎后而急急地飞返天宫的仙女。在娶亲行列的末尾，是一些徒步的士兵。他们的衣服沙沙作响，散发出迷人的香味——在这个区里，当兵的所能赠给姑娘们、并取得她们好感的最好的礼物，就是香水。

266. 拥抱新娘

于是到了彼得困难的大日子了。彼得坐在屋子前面的角落里，明知他的眉头紧皱着，感到这不大好，使新娘瞧着不愉快，但是他不能将眉毛放松一下，他蹙额望着客人们，摇着头，蛇麻草撒到桌上，撒到娜泰里亚的面纱上。她也低着头，疲乏地微闭眼睛，面色惨白，害怕得像小孩，由于害臊全身抖索着。"酒苦呀！"一些通红的，多毛的嘴脸，张着凸挺出的牙齿，轰吼起来，已经是第二十次了。彼得转身过去，像一只狼，不弯下脖颈，用干燥的嘴唇，鼻子，向面颊上撞去，肩头近于恐惧的颤索。他很怜惜娜泰里亚，也觉得羞惭，但是挤坐成圈的酒客们又喊起来："新郎官不会呀！""往嘴唇上去！"酒醉的女人

151

声音尖响着："我来吻你！""酒苦呀！"巴尔司基喊了。彼得咬紧牙齿，把嘴按到新娘的湿润的唇上，唇抖索着，她全身白白的，似要融化的样子，好像太阳下的云儿。他们两人都饿了，从昨天起没有给东西吃。彼得由于心神惊惶，蛇麻草浓烈的气味，又喝了两杯起沫的秦木良司基酒，感到自己醉了，又怕新娘觉察出来。周围的一切都动摇了。一群难看的嘴脸形成红色的泡沫，一会儿凝为色调斑驳的一堆，一会儿飘散到各处。

267. 迎娶新娘

　　为了迎娶新娘子，套了四辆双套大车。许多人都像过年过节一样打扮得漂漂亮亮，聚集在麦列霍夫家院子里的轿车旁边。彼得罗坐在葛利高里的旁边。妲丽亚坐在他们对面，挥舞着一条绣花手绢。每当车子走到低洼地方或者高冈地方的时候，正唱着的歌声就中断了。哥萨克制帽的红帽箍，蓝色的和青色的制服和西服上身，结着白手绢的袖子，女人的绣花头巾织成的彩虹，花裙子，尘土像轻纱的拖裙一样，在每一辆车后面飘扬。这就是迎亲的行列。几辆车轰隆轰隆地滚进了院子。彼得罗领葛利高里走上台阶，一同来参加迎亲仪式的人也跟在他们后面走来了。门开了，女媒是娜塔莉亚的干娘——一个漂亮的寡妇，她一面鞠躬，一面在微紫的脸上露着笑容迎接彼得罗说："请喝一杯吧，傧相，为了您的健康。"她递过来一杯浑浊的、还没有发酵的克瓦斯。彼得罗把胡子向两旁分了分，喝了下去，在一片抑制的笑声中哼哼着。在傧相和媒婆斗嘴的时候，按照规矩，向新郎的家族敬了三杯伏特力口。娜塔莉亚已经穿好结婚礼服戴上了面纱，许多人在桌子旁边围住了她。玛丽希珈手里握着一根擀面杖伸出去，格莉普珈神气地摇晃着一只播种用的筛子。围坐在桌旁的新娘的亲戚和家族都站起来了，让着地方。彼得罗把手绢的一头塞到葛利高里手里，跳到长凳子上去，绕着桌子把他领到正坐在圣像下头的新娘面前。娜塔莉亚心跳得手都出了汗，她握住手绢的另一头。等到大家都离开桌子的时候，有一个人俯下身去，往葛利高里的靴筒里撒了一把小米，这是为了使新郎不要闹出什么蠢事来。

268. 婚礼仪式

仪式按照法律进行。拉比穿着一身旧了的缎上衣，写了结婚契约，叫新娘和新郎碰一碰他的手帕，作为同意的表示。拉比又把笔尖在便帽上擦了擦。有几个看门的撑起了华盖（他们是从街上叫来凑足人数的），菲谢尔森博士穿着一件白袍子，它向人提醒他死亡的那天，而多比遵照习俗的规定，绕着他走了七圈。编带形蜡烛射出的光芒在墙上摇曳，黑影幢幢。把酒倒进了酒杯之后，拉比用悲伤的旋律唱了祝福歌。多比只发出了一声叫喊。其他的妇女们掏出了桃花手绢儿，拿在手里，站着做鬼脸。……现在，给新娘戴上结婚戒指的时候到了，可是新郎的手开始发抖，想要把戒指套在多比的食指上可费了好人劲。按照习俗，接下来是要弄碎一只玻璃酒杯，可是菲谢尔森博士踢了几脚还是没把那玻璃酒杯踩碎。女孩子们低下了头，开心地你拧我一把，我拧你一把，发出咯咯的笑声。最后还是由一个学徒用脚跟把酒杯踩个粉碎。连拉比都忍不住笑了一下。

269. 新郎跳舞

新郎在房间中央很起劲地跳着舞，一曲接着一曲，一刻不停地直跳到精疲力尽为止。卡杜什卡——她是多么美啊！身子软得像条蛇。

头上的花冠松散了，垂在脸上，但是这与她的风情甚至也很相称。她有时挣脱新郎的手，摇晃着两条大腿，开始在新郎面前跳舞，有时她又像旋风一般打转，使得她头上的花冠也随着打起转来，使那花冠上垂下来的花梢拂到在她近旁的人的脸上。她转着，转着，后来突然钻到跳舞的人群中去了。新郎跟在她后面，有时追上她，有时又把她放走，他像山羊般跳起来，两只手往靴子上一拍，接着就伸开双手，好像想去拥抱她似的，跟在她后面狂奔，他边跑边唱：我是个大老爷，在自己的田庄，这个美人儿是我的郁金香。他不时把口袋里的钱币弄得铿锵作响，要不，就拿出两个塔列尔往空中高高一抛，再伸手将它们接住，扔给几个吉普赛乐师。"喂，吉普赛人！这还不是最后的赏赐！你们懂吗？"

270. 教堂礼拜

　　他走进教堂，一进门眼前就呈现着一片新的气象。几个男女叫化子在乞求布施，上帝将在永生中报答这些好心人的。有些虔敬的人在吻着被钉在十字架上的耶稣的脚，另外一些人在门槛外面就跪下来，他们举起双手，抬起眼睛，好像被天上的幻象迷了心窍似的。教堂笼罩在昏暗中，燃在银烛台上的那十多支蜡烛所发出的光还不能把它照亮。在教堂的洋灰地面上，到处可以看见人的影子，他们有的匍匐在地上，有的身子一直弯到地上，好象想谦卑地虔诚地把自己隐蔽起来似的。谁望着那些一动也不动的身体，心里就会想，他们的灵魂曾经离开了他们一会，逃往比较美好的世界里去了。

271. 缭绕的香烟

　　神父于是穿起法衣来，穿白衣的执着，终于，躺到了地下；一个

154

佣人抓住了它，把它送了出去。法事开始了。拉夫列茨基退到了一个角落里。事谦恭地要了一块炽炭，香烟开始缭绕起来了。婢女们和小厮们也从大厅里出来了，大家都簇拥在门口。从来不下楼来的罗斯卡（狗名）也忽然跑进了饭厅，人们要赶跑它，可是它却更慌乱了，起始是乱窜他的情感是奇妙的，几乎是苦痛的，他自己也不能清楚地知道他所感觉的是什么。玛丽亚·狄米特里叶夫娜站在最前面，身后放着椅子，她慵懒地、在意地划着十字，正象一个大家闺秀一样——一会儿四周张望，一会儿又忽然翻眼向天，她显然是感觉厌倦了。玛尔法·季摩费叶夫娜显得非常焦愁；拿斯塔霞·卡尔坡夫娜俯伏着，又抬起身来，衣裙上发出阵阵轻微的、谨慎的绰绰声；至于丽莎，她却一直站在自己的地方，一动也不曾动，从她脸上的凝注的表情，显然可以看出她是在不断地、热情地祈祷。法事完毕以后，她走去吻了十字架，也吻了吻神父的又大又红的手。

272. 祈祷的声音

太阳西沉，落日的余辉斜照着，时而闪耀在圣像的金质衣饰上，时而照明了先圣们的幽暗而又严峻的面容，明亮的光线使忽明忽暗的微。弱烛光黯然失色。教堂空荡荡的没有什么人，庄稼人都到田里干活去了，只有在门旁的角落里挤着几个包白头巾的老太婆。有的满脸愁容，用手支着脸颊，坐在副祭坛的石级上，不时发出高声的长叹，谁晓得这是因为自己作了孽，还是为了家务的烦恼。有的拜伏在地上，久久地做着祈祷。凉爽的风从铁窗棂里钻了进来，时而撩起供桌上的台布，时而吹动神甫的白发，翻动着圣经的书页，吹灭了烛火。神甫和执事的脚步，踏在石头地上，在空荡荡的教堂里响起了橐橐的回声，他们的嗓音在拱顶上凄切地回荡着。在高高的圆顶上，寒鸦聒噪着，麻雀啾啾叫，从这扇窗户飞到那扇窗户，它们的拍翅声和钟声，有时候压倒了祈祷的声音……

273. 祈祷

加迭里娜·伊凡诺夫娜拉住小丽达，又从椅子上把小男孩拉起来，自己在墙角火炉旁边跪下，并且使孩子们在她前面跪着。那个小女孩还在发抖；但是那个小男孩却用小小的光膝头跪着，适度地举起一只手来，正确地在自己身上画了十字，又叩首，用前额触地，那仿佛使他特别感到满意。加迭里娜·伊凡诺夫娜咬着嘴唇，噙着眼泪；她也祈祷，不时把男孩子的衬衫拉直，又将就用一条围巾盖住女孩子的光光肩头，这条围巾是她从橱柜里拿来的，既没有起身，也没中断祈祷。

274. 宗教盛典

然而，甚至在茹科沃，在这"奴才村"，每年也总有一回隆重的宗教盛典。那是在八月，他们抬着赐与生命的圣母从这村走到那村，走遍全县。到了茹利·沃所盼望的这一天，正好没风，天色阴沉。姑娘们一清早就穿上鲜艳华丽的衣服，出去迎接神像，将近傍晚才把它抬进村子来，排成严肃的行列，举着十字架，唱着歌，同时河对面教堂的钟声响起来。一大群本村和外村的人堵住街道，吵吵嚷嚷，尘土飞扬，挤成一团……老头子也好，老奶奶也好，基里亚克也好，大家都对神像伸出手去，热切地瞧着它，哭哭啼啼地叫道："给我们做主吧，母亲！给我们做主！"

275. 诵读圣诗

从教堂内传来一阵模糊不清的诵读圣诗声，同时又涌来一股地窖和焚香混合的气味……到八点一刻，教堂里的管风琴低沉地奏了起来……他们都聚在一个角落里，前面有一座临时祭台，上面有刚刚布置好的一个由城内一家工场赶制出来的圣罗克像。这些身影跪在那里，似乎已蜷缩成一团，隐没在烟雾缭绕之中，就象一些凝固不动的影子。这里一堆，那里一堆，其颜色不比那灰蒙蒙的雾气深多少。在他们上面，管风琴无休止地变换着曲调。

276. 学校大扫除

星期三下午，学校举行一次大扫除，因为星期四上午市长来参观。

我们班有的扫地、有的抹桌子、有的擦窗户、还有的扫清洁区，大家忙的满头大汗。我是抹桌子的，我先抹讲台桌，因为老师每天都用，所以我抹的一干二净。然后，我再抹放书的桌子，我先把书理好，再抹桌子，抹完了我笑了。

打扫完了，同学们坐在自己打扫的教室里笑了。

277. 教室大扫除

你瞧，大家都在教室里忙着干什么呢？原来大家在做大扫除。

李老师先把我们分成了几组，有的扫地，有的擦黑板，有的擦窗户，也有的拖地，还有的擦桌子。

278. 班级大扫除

老师一说完，同学们就一窝蜂似的向清洁用具存放处跑去，拿清洁用具。大家拿着自己需要用的工具就开始热火朝天地干了起来。拖地的同学在我们扫地的时候就去洗拖把了。当我们刚扫完地时，拖地的同学又回来了。他们一个个手里拿着的拖把滴出的水晶莹透亮。我和王月连忙跑过去，我说："你们来得正是时候，我们刚扫完。"王月催我说："你还说什么呢？快让他们进来吧！"我们几人进了教室后，他们几个轮流拖地，我和王月洒水。

279. 洒水大扫除

赖羿拖地拖得多有劲呀！你看他双手稳稳地捏住拖把杆，脚做成前弓步。用力地把拖把向前推，又向后拉，一推一拉，一前一后。过了好久，我们看到赖羿还在拖地，伍亮就对他说："你去坐着休息一会儿吧，让我们来拖地。"赖羿停下来，说："没事儿，我不累，还能拖一会儿。"接着，他又用力地拖着地。只见大豆似的汗珠直往下流，他真是累了，在我们的再三要求下，才休息了几分钟。他又提着满满两桶水跑来了。他把一桶水放到了地上，再用左手提另一桶水，右手捏着布。然后把布打湿，又把布上的水捏到地上。他就这样一次又一次地洒着水。

280. 开始大扫除

大扫除开始了，妈妈给我和爸爸分配了任务。妈妈自己先用扫帚

158

把房子顶上的灰尘清除掉，然后，她打扫地面。她把地面扫干净后，就拿来拖把弄湿在地板上拖了起来。爸爸在卫生间里先用扫帚扫地，然后也拿了拖把拖地面，他也用尽全力干着活。爷爷看到了也帮着做起了家务活。他把没有用的东西扔进一只垃圾桶里，然后，等垃圾多了以后再拎出去扔到外面的垃圾桶里去。

281. 收拾小房间

　　我收拾自己的小房间。我先用扫帚打扫，然后，我用拖把拖地板。拖把在我的小房间里面四处转动，很快便把我的小房间拖得一尘不染。接着，我开始整理小房间了。我先把写字台上的东西全部整理好。我又整理床上的东西。我把被子叠得整整齐齐，又把毯子拉拉挺。我又检查了一遍。这时，我发现床前的墙角上面有一些蜘蛛网。于是，我拿了一把干净的扫帚去把蜘蛛网给破坏了。

282. 大扫除

　　来到张爷爷家里，小队长给我们布置了任务，分好了工，庭院里顿时沸腾起来。

　　负责平场院的同学，就像小老虎一样干起来了，挖的挖，抬的抬，垫的垫，干得热火朝天。挖土的挥动着铁锹，铲着高出地面的土疙瘩，一锹就是一大块，几锹就铲平一个疙瘩；抬土的，来来往往，不是走，而是跑；平地的，弓腰曲背挥汗如雨……细细瞧，一张张脸红通通的，像"三国"故事里的红脸关公。

　　负责打扫室内的女同学回到屋里，看到房顶上蜘蛛网一丝丝吊着，稍微有点风就摇起来，大家心里可着急哩，恨不得一下子把它扫掉。张林萍同学一马当先，自告奋勇完成这个任务。她举起绑有扫帚的竹竿，用力扫呀，扫呀，蜘蛛网落在她头上，她毫不在意；灰尘掉进她眼里涌出泪水，她抹了又干。她满头大汗，只见脸上黑一道白一道，像戏里的大花脸一样，同学们一见都开心地笑了。大家劝她歇歇，她不愿意，直到把里屋打扫干净为止，在场的小伙伴很受感动，大家的干劲更足了……

283. 房间搞卫生

自己的小房间清理后，我去爷爷的房间里面去搞卫生了。爷爷的房间也像我的房间一样搞好了。然后，我就打扫楼梯。我拿着扫帚和畚箕来到楼梯下面。我把畚箕放在下面，自己跑上楼去从上面往下扫。我用扫帚一个楼梯一个楼梯地扫。终于，我把楼梯全部打扫完了。接着，我又拿来拖把去拖楼梯上的踏板。

终于，我们的家成了漂亮整洁的家了。我们大家都笑了。

284. 担水劳动

星期五下午，我们班进行了一次劳动。主要任务是担水，解决学校断水的问题。因为学校水管坏了。一些身强力壮的同学肩挑手提直向学校食堂奔去，女同学们身体较弱却也不甘落后，提的提，抬的抬。劳动场面是热闹的。那桶子的磕碰声，说话声，就像一曲动听的歌。担水的路上像刚下过小雨似的湿漉漉的。池塘边，又是一番景象：班主任老师帮同学们打水，同学你帮我，我帮你，看来还是一个生龙活虎、相互帮助的场面。

285. 除雪

觉得分外有趣，我们班的同学一齐上阵，向积雪开战。有的同学使出了全身力气，手握铁锹，脚踏锹头，"咔嚓"一声，一块雪就被铲了下来。镐刨，铲剁，锹撮，林锹堆，一会儿就除了一大片，露出路面来。

286. 擦公共汽车站

"水来喽！水来喽！"寻声望去，只见中队长伍强挑着满满两桶水走了过来。原来，他们小队负责擦公共汽车站牌和候车亭。几个同学赶忙拿脸盆接水，然后各自擦洗起来。有的蹲在椅子上擦上部，有的踮起脚擦中间，有的蹲下身子擦下边，一个个忙得不亦乐乎。在这些同学中，要属刘芳擦得最认真了。只见她把抹布在水里涮了涮，再拧一拧，然后蹲下身去一下挨一下地擦起来。擦完了，再去涮涮抹布，拧干，歪着头检查一下，然后再擦，那认真劲儿就甭提了。

287. 平整路面

分配给我们班的任务是平整高低不平的路面。老师一声令下，队员们便分成几组展开了劳动竞赛。男同学个个犹如猛虎，一马当先；女同学也不甘落后，冲锋在前。看，十几把铁锹上下飞舞，十几个簸箕来回传递，十几辆小车穿梭般南来北往。工地上，处处呈现一派生机。那边两个同学干得满头大汗，头上冒着热……

288. 分马

老孙头翻身骑在儿马的光背上。它从来没被人骑过，在场子里乱蹦乱跑，老孙头揪着它的剪得齐齐整整的鬃毛……

小儿马狂蹦乱跳，越跳越高越蹦越有劲。两个后蹄一股劲地往后踢，把地上的雪踢得老高。老孙头不再说话，两只手使劲揪着鬃毛，吓得脸角窗户纸似的煞白。马绕着场子奔跑，几十个人也堵不住，到底把老孙头扔下地来。它冲出人群，跑出学校，往屯子的公路一溜烟似地跑走了。郭全海忙从柱子上解下青骒马，翻身骑上，撵玉石眼去了。这儿，老孙头摔倒在地上，半响起不来，周围的人笑声不绝。

289. 巨大劳动场面

他们刚走过牌楼，一片喧闹的人声混合着机器声、喇叭声就迎面扑来，整个坝后工地展现在面前了。这是一个巨大的劳动场面：一条高大整齐的"山岭"把两个山头连在一起，一条巨蟒似的卷扬机趴在大坝上，沙土、石块像长了腿，自动的流到坝顶上。坝上坝下到处是人，汽车、推土机在匆忙中奔跑……将军一面走一面四下里看着，他被这劳动场景深深的感动了。

290. 挤车

车来了，还没停稳，几个青年人凭着力大气粗占据了有利位置，直往车内挤。几个手脚敏捷的小伙子像猴一样左跳右跃，"嗖"的一声蹿上去，霸住了车门。一大堆人正拼命地拥挤着，只见一只只白皙的手、古铜色的手、粗糙的手、柔软的手，本能地向前伸，本能地挥舞着，都希望抓住车门。"独眼龙"也许是久经"沙场"，一马当先。就在车门打开的瞬间，只见他右手一把抓住门上的扶手，身子向上一跃，人已经站在车门踏板上，左手猛力将车上欲下不得的人群拨开，右脚向后一蹬，迅速向上提起左脚，在身后人群的推拥下，他终于如愿以偿地钻进了车。一位胖大嫂粗而短的右腿刚踏上车阶，左脚便不停地往外蹬，她使出吃奶的劲儿用力地扭动着肥胖的身躯，一双臃肿的大手拼命地抓住车门扶手。任凭她怎么努力，结果那屁股还是被车门狠狠地挤压了一下，疼得她直叫"我的妈呀!"挤车可真是一场不同寻求的战斗呀!

291. 紧急集合

"嘟，嘟，嘟。"三声清脆的哨音划破了整个山谷的沉寂，也把我从梦中惊醒。是三声! 紧急集合! 此刻，我们住的营房可"炸了锅"。"嘿，我的衣服呢""手电，快给照照!""现在几点了，还没睡好呢!""甭啰嗦，只有三分钟!"……"喂，回来，你穿的是我的鞋!""哗啦!""床踢了""嚷什么，我把脸盆揣翻了!"……这时的我，用热锅上的蚂蚁来形容，是一点儿也不过分，好不容易胡乱套齐了衣服，背包却怎么也打不上，脑门上急出一层汗。打了拆，拆了打，折腾了两三次就是打不好。心里一慌连手指也给缠了进去，最后干脆一咬牙，横七竖八地给被子来个"五花大绑"，住往肩上一扛，跳下地，拖拉着鞋，冲出门外……

292. 课间欢乐

叮铃铃……每当听到这美妙的下课铃声，我条件反射似的想起课间欢乐的十分钟。

下课了，老师扯着嗓子布置今天的作业，满座学生仅十余人听着，其余人早已成就自己的大业了。一时间，教室百态，尽收眼底，五十六张面孔，五十六朵花……二分之一者问老师留了哪些作业，四分之一者冲向 WC 谈天说地。其余人在关注着又名林俊杰的仁兄开办的小型演唱会。

293. 教室里像炸开了锅

所谓"山中无老虎，猴子称大王"。此时，教室里像炸开了锅，一片沸腾。哎呀，还真有点派头，偶像小天王任君杰大显身手，但美中不足的是没设备，一切都显得简陋。任君杰拿着扫帚当吉它，一只荧光笔当麦克风，开始表演了。他清了清嗓子，预示着为他伴奏的铁哥们准备。你看那老韩像鬼魂一样悠然飘来飘去。"在你的心上，自由的飞翔……。"呵，还真是神气十足，老韩的个子比较矮，在人群中像个跳蚤，他越唱越起劲，自我陶醉得把眼睛都闭上了，像获胜的将军走过凯旋门一样。"谢谢大家……"，自恋使他的声音十分响亮。他把头一甩，摆出一个酷酷的造型。他的"铁杆粉丝"十分兴奋，喝彩声、起哄声把课间十分钟推向了高潮。

294. 教室安静下来

叮铃铃……上课了，喧闹的教室立刻安静下来，像澎湃的潮水开始退潮了。同学们回到座位上，由于课间十分钟使大家紧张的思维得到了有效缓冲，同学们又聚精会神地去迎接新的课堂。

295. 浩瀚的大海

如果黑板就是浩瀚的大海，那么，老师便是海上的水手。铃声响起那刻，你用教鞭作桨，划动那船只般泊在港口的课本。课桌上，那难题堆放，犹如暗礁一样布列，你手势生动如一只飞翔的鸟，在讲台上挥一条优美弧线——船只穿过……天空飘不来一片云，犹如你亮堂堂的心，一派高远。

296. 看乒乓赛

"王励勤，加油，中国队，雄起！"随着观众此起彼伏的呐喊声，中国对韩国的世界杯乒乓赛决赛被王励勤与韩国柳承敏的几个大力远拉推向高潮，场内翻滚着一股热浪，坐在电视机前的我们，也目不转睛地看着电视，我、爸爸、哥哥戴着头巾，挥舞着乒乓拍，用力捶着茶几当起场外拉拉队来，王励勤又胜一局，在加油声中一路高歌，这时，对方柳承敏奋起反击，几个短摆，直线，反手对拉，利用王励勤侧身过多，迎头赶上，观众的叫声更响亮了，震耳欲聋，把电视机前的观众的心深深地震撼了。我们一家也急得直跺脚，索性脱掉衣服在此挥舞，终于，王励勤不负众望，在掌声与欢呼中尽显他的王者风范，一声大叫，一个手势，又使他崛起赢得了比赛，我们也抑制不住兴奋之情，相互拥抱起来。

297. 罚款

"叮……"放学的铃声响了，又到纪律干部小 B 公布罚款名单的时候了，顿时，如往常一样，像锅里开了的水沸腾起来。"什么，我下午才迟到两秒钟，这也算?"小 A 一见自己"榜上有名"脸一黑，嗓子大了起来。"哇! 我更倒霉，被罚一角! 我自修时是讨论问题，这也有错?!"小 C 不服气地一拍桌子跳了起来。"你影响了别人学习，就该罚!"文静的小 B 回敬道。"罚、罚，财迷心窍，好，给你!"一只一角纸币折成的"飞机"飞向讲台。"呼! 呼!"几枚五分硬币出打在黑板上："拿去吧，大款!""你们太不象话了! 自己迟到、违纪还挖苦、打击小 B 同学。走，找班主任评理去!"班长小 E 忍无可忍，拍案而起，一听此言，那些"榜上有名"者自知理亏，立即噤若寒蝉，随后一哄而散。其他同学也散去了。课室里只剩下含着泪花，低头沉思的小 B 同学。

298. 看企鹅

……看企鹅的人可多啦。大家排着队很有秩序地边走边看。这时候，李敏跑过来，使劲往前挤，把一位叔叔挤到左边，把一位阿姨挤到右边。大家向李敏投来责备的目光，李敏毫不在乎地挤到前面望着企鹅高兴得又蹦又叫。

299. 募捐

这些学生在号召群众募捐，帮助灾区人民解决困难，重建家园，围观的人听了都伸出一双双热情的手，纷纷把钞票放进箱子里表示一点心意。站在外围的人焦急地等待里边的人快出来，好让自己进去捐款。一位叔叔还大声地叫嚷："你，你快一点行吗? 真是急死人了。"

300. 蔬菜市场

还没有进市场大门，只见里面人头攒动，人声喧哗。市场分蔬菜区、鱼肉禽蛋区和商品区。我们随着人群走进了蔬菜市场。只见里边的蔬菜鲜嫩丰富，琳琅满目。蔬菜摊上绿油油的青菜，白里透青的萝卜，水灵灵的芹菜，红润润的番茄，绿衣带刺的黄瓜，各类农副产品应有尽有。市场内，羊肉"热锅"散发出扑鼻香味。人越来越多，狭窄的小街道挤得水泄不通。突然，从南边开过一台手扶拖拉机，"通通通"地响着。可是"通"了老半天，才走了两三尺。听，这边喊："借光，借光！撞啦，撞啦！"那边喊："减价货！减价货！上等的白洋布，三角五一尺。""要吃吗，刮啦啦五香葵花籽。""甘蔗！甘蔗！又嫩又甜的！""好白菜，快来买哟！"

301. 拔河

"叮叮叮！"下课钟响了，几秒钟间，冷寂的操场和走廊瞬间热闹了起来。看！操场被一些同学团团包围住。怎么了呀？哦！原来是一班和二班在比赛拔河呀！周围热闹极了，不时都能听见"加油！加油！"的喊声。快呀，仔细瞧，红绳子已经渐渐向一班移过去了……哎！不好！二班的见势不妙，赶紧憋红了脸，用劲一拔，红绳子又回到了中间。红绳子漂移不定，似乎不知道该靠向谁。加油声更激烈了，最后，伴随着上课铃声，一班的同学们同心协力，用力一拔，胜利属于他们了！

302. 难忘的拔河比赛

岁月象淌淌激流，不断冲刷我的记忆，许多事情已经模糊，但在我心灵深处，有一件事，一直令我难忘。记得那是去年的秋天，在作文班上，老师为了让我们锻炼身体，陶冶情操，培养我们的观察力，组织了一场拔河比赛。老师把我们分为两个队，一个是猛虎队，另一个是雄鹰队。我被分到了雄鹰队。两队实力相当，互不相让，同学们一个个英姿飒爽、昂首挺胸，一场针锋相对的比赛即将展开了。随着随着老师的哨声，比赛开始了。双方队员握紧绳子，他们一个个脚蹬着地，身体向后倾，拼命向自己的方向拽绳子。绳中间的红绸带一会儿移向猛虎队，一会儿又移向雄鹰队，互不相让。双方啦啦队的队员们，也齐声呐喊，不停地为自己队擂鼓助威。我的手都拽红了，可绳子还是不动一下，双方进入僵持状态。此时，我方的队员们一个个都红了眼，有的人脸憋得通红，有的人龇着牙、咧着嘴在较劲，还有的人双手紧握绳子铆足了劲向自己方向拉。最后，我们队使出了全力，随着啦啦队的喊声，红绸一下子移向了我方，我们雄鹰队胜了。后来两局我们队乘胜前进，连续获胜，最终我们取得了胜利。这次拔河比赛，使我明白了团结力量大的道理，更激励我在走向未来的道路上，要树立克服困难的信心，我永远也不会忘记这次拔河比赛。

303. 记一次拔河比赛

为了庆祝国庆节的到来，学校特意举行了一次隆重的拔河比赛。国庆节的前几天，学校里放出广播："9 月 30 日，为了庆祝国庆，在本校操场举行一次拔河比赛。"同学们听到这个消息，欣喜若狂，以后的每一天，同学们都把这件事挂在嘴上。时间不知怎么过得这么慢，好不容易盼到这一天。这天，同学们早早来到学校，穿得整整齐齐，准备拔河比赛。事前，老师先交代一些我们拔河时要注意的地方，然后预赛了一次，让大家都做好准备。到了，到了，快到操场上去，拔河比赛要开始了。不知从哪处传来这个消息，同学们赶紧来到操场，只听见裁判员宣布了比赛的规则，然后正式开始。开始了，场面由低潮转向高潮，同学们的欢呼声、跺脚声融成一片，好不容易挨到了我们班，男同学们马上上阵，站好了，摆好了姿势，成"工"部式，用脚顶着脚，勾住脚；身子住后倾，双手像只铁钳似的，用力抓住大麻绳。等待哨声一响，同学们便使出吃奶的劲，像一只只猛虎似的。我们手上的筋脉突兀。肌肉紧绷，身上的汗毛发直，头发竖起，额头上缩成一圈，手心被绳子勒得发红，有的甚至起泡了，汗珠滚滚。尽管这样，我们还是使劲地拔着，越拔手上就越"狠"，我们咬紧牙关，忍着疼痛，心想：一定要坚持下去，不能放松，要赢，一定要赢。我们的腿不断地往后移，越挪越远，红领巾从中点慢慢地向我们这边移近。眼看我们就要胜利了，六乙班也不甘示弱，个个使出九牛二虎之力，腮帮子鼓起，面红发肿，像一个个钢铁战士。我们原本以为我们赢定了，所以不注意对方了，可六乙班的同学们趁我们不甚留意，来了个突然"袭击"。这下，可把我们搞得晕头转向，摇摇晃晃，像是喝了迷药似的。红领巾离对方愈来愈近，怎么办呢？我这个冲锋队员也不知所措，只好反过头去，对同学们说："大家一定要挺住，一定要坚持下去，不能分散力量，只要我们齐心协力，我们就能击败他们，共创辉煌。"听了我的一番话，周围的一些老师为我们鼓舞，为我们加油，同学们也开始镇定，振作了起来，啦啦队也给我们助威："六甲班，加油，六甲班，加油……"听了啦啦队的助威声，我们顿时浑身充满了力量，用力把绳子往后拉，红领巾慢慢地向我们靠来，"赢了！"我们欢呼道。比第二场时，我们用了同样的方式战胜了六乙班。不仅我们男同学要赢，女同学们也不能输呀！该上场了，女同学们不慌不忙地站好，摆好了姿势，准备"战斗"。开始了，女同学们不知怎的，大概是太着急了吧，力气怎就用不上了呢？哦！原来是女同学们的力量用得不恰当，不一致，所以，力量分散了，也逐渐减少了。六乙班这时趁虚而入，很快就把大麻绳拔过去了。5厘米、3厘米、1厘米、0.5厘米……我们心急如焚，劝告女同学们，一定要齐心，力量一定要一致。女同学们听了我们的话，力量顿时猛增，就在那千钧一发的时候，女同学一齐心，往后一使劲，就这样一拔，红领巾迅速地赶了过来，入了我们的境内，赢了！该比第二场了，因为女同学们上次太骄傲了，差点全军覆没，所以这次非常小心谨慎。过了一会儿，女同学们又一次击败了六乙班。此时，我们一齐跳了起来，唱了起来，为我们的胜利而高呼："啊！我们赢了……"这种声音，是胜利的声音，是团结的声音。它，在天空中久久回荡着。啊，多么刺激的拔河比赛呀，它不仅使我们的友谊更深，更浓，更团结，还给我们带来了无比的快乐，无比的……

304．五年级拔河比赛

　　这真是一次令人难以忘怀的拔河比赛．今天下午，我们五年级在操场上举行的拔河比赛。拔河比赛即将开始了，何老师喊一声："预备……"同学们立即入场，双手像一把把铁钳子似的，紧紧地握住麻绳，迈开一大步，做好了准备。老师哨子一吹，同学们就进入了紧张的状态。大家先是一齐后仰，在一齐用力，费了九牛二虎之力，在场参赛的同学个子都是高大的，个个精神振奋，斗志昂扬，只有一个人例外，他就是四（2）班的小明，别看他又矮又瘦，可他的力气大着呢。有的同学累得汗流浃背，加上，太阳当头照，同学们的脸都红得像个大包公似的。场外的拉拉队正在一个劲喊着："加油——加油！"那加油声犹如山崩地裂，喊声不断提高。同时，周围的气氛也变得越来越活跃。同学们的情绪也非常激动。那麻绳中间绑了一个红色的小球，那红色的小球一会儿向左，一会儿向右移。过了一会儿，也不能分出胜负。只好到第二局才能分胜负。现在双方力争，不甘示弱。拔呀，拔呀！绳子慢慢地移到我们这边了，我们又加了把劲。终于，我们赢得了第二局的胜利。一转眼，第三局又开始了，我们交换地方，我们信心十足，不急不躁，齐心协力地拔呀，拔呀！结果，第三局又是我们赢了。这真是一个令人难以忘怀，永记心头的场面。

305. 有趣的拔河比赛

　　星期五下午，我们学校进行了拔河比赛。我们先观看了三到六年级的比赛。赛场上，大哥哥大姐姐们一个个精神十足；赛场边，"加油加油！"喊声不断。每当校长在广播里宣布哪个班级赢了，大哥哥大姐姐们就欢呼起来。我们呢，也高兴极了。我心想，我也要像大哥哥大姐姐一样为班级争光。轮到我们班比赛了，我们的对手先是二（3）班。我们齐心合力拔呀拔，对方终于被我们拖了过来。大家休息了一会儿，接着和二（4）班进行决赛。他们一个个也是精神饱满，有一股非赢不可的劲头。比赛哨声响了，我们使劲拔呀拔。"加油！加油！"我们在李老师的鼓励下，咬紧牙关憋足了气，可是我们还是被二（4）班拖了过去。他们高兴得跳了起来，而我们垂头丧气。最后，我们校长说"学校的女老师和男老师也比一场好不好？"我们全校同学齐声说："好！"场上的男老师只有几位，他们就拉几个男同学帮忙，而女老师很多。比赛开始了，女老师坚持了一会儿就挺不住了。

后来校长在广播里说："男老师拉了许多学生，所以应该算女老师赢了。"大家都欢呼起来。拔河比赛结束了，但是我们仍然沉浸在欢乐之中。

306. 新年联欢会

　　新的一年又来临了，大家有没有想好该怎样和亲朋好友一起庆祝新年的到来呢？新年，我一定会回老家麻城！我是学小提琴的，当然也会把我的小提琴带上。在麻城，有爷爷、奶奶、叔叔、娘娘、姑父、姑妈、姐姐、两个弟弟、爸爸和妈妈！一定很热闹。他们都很喜欢听我拉小提琴，我何不开一场"琛琛小提琴音乐会"呢？我可以把我会的曲子集合在一起，作一个目录，让他们点。还要在曲子旁边标上价格，不同的曲子标不同的价格。通过这个方式帮自己赚一些压岁钱和零用钱，并宣布我要用自己的劳动和本事赚压岁钱，因为我长大了！在学校，每年我们班都会花一个下午的时间举办一个新年联欢会。那天下午，同学们可以带很多零食、很多玩具。同学们围成一个大圈，让表演者站在中间演出。看我们班的孙付睿、邢林浩表演幽默的小品，看冯逸秦、张卓展现优美的舞蹈，听陆澄、赵安琪展示美妙的歌喉……那该多有趣呀！街上到处都会张灯结彩！文化宫前会有精彩的表演，商场里会有热闹的人流，电影院里会有精彩的大片……最让我期待是"肯德基"店里美味的套餐和丰富多彩的新年活动！如果再下一场漫天大雪，那多像一个童话中的新年呀！让我们做好准备，一起来庆元旦，迎新年！

第三章

场面写作好句

1. 学习场面

同学们还在教室里认真地复习功课，有的在看书，有的在写字，有的在计算。

她已被数学题吸引住啦！仿佛忘了深夜的来临。

她飞舞着手中那支小小的钢笔，"刷刷刷"，只听到钢笔在纸上发出微小而清晰的声音。

她不停地写呀写呀，终于放下笔不写了。

她仍聚精会神，紧锁眉头，忽而又挥笔写了起来……

钢笔在她手中跳动，蓝色的墨水在笔下倾泻。

终于做出那道难题来了！她笑了！笑得那样快活，那样甜蜜。

来和我比一比，看谁读生词读得又好又快。女同学是支持我的，上来的他是男同学代表。

我翻开书，流利地朗读下一课生词，他却眼巴巴地瞪着生词直发愣，嘴巴也张不开，脸憋得通红。

2. 劳动场面

河滩的田地里，到处是半裸着身子哈着腰的农民，争着把水引进干旱的田里。

劳动也很简单，装土、运土、垒草袋、夯土、再装土、再运土，又加一层……大家配合得是那么默契，动作是那么地协调。

无数双粗壮而又灵巧的手在不停地工作，在这荒凉的土地上奇迹般地托起一座巨大的钢铁建筑。

只见铲土的同学迅速地束紧裤带，把袖子一捋，抡起镐头就刨，工地顿时变得热火朝天了。

港口工地上，一排铲土机铲运着泥土，一辆辆巨大自卸卡车倾倒运来的石头，庞大的塔吊吊运着一块块巨型水泥预制件，各种各样的船只往海里倾倒着石头……

高亢的打桩声和各种各样的音响混合在一起，形成一曲雄浑的交响乐。

路上送谷的人络绎不绝，好像无数条黄龙，摇头摆尾地向村里绕去。

镰刀在飞，麦子也在飞，麦地里像起了旋风似的，把麦子一垅一垅吹倒又吹成捆。

3. 参观游览

碰巧山根底正有庙会，沿路摆满小摊，有卖各种甜食的，有卖镶着玻璃珠子手镯的，还有卖色彩浓艳的披巾的。

街上看灯的人熙熙攘攘，在彩灯的光彩中川流不息。

丁字街口，火把灯笼一片通明，人围得像城墙一般。

在光网的照映下，大操场显得更加美丽了。小孩子们蹦呀，跳呀，好像吃了许多蜜糖一样。

呀！这里简直是儿童的世界。一个头扎蝴蝶结的小姑娘坐着电雪橇，"哧溜"一下向前滑去。

"坐观览车去！"小伙伴们不约而同地说。那架观览车竟有 32 米高，坐上去就像登上 12 层楼房。

观览车渐渐升高了，它自动地转向西、北两面，这时眼前出现了一片乡村的风光，山坡松柏苍绿，湖水像展开的绿锦缎，田野里是绿色的蔬菜。那辆拖拉机变得那么小，它正在"突突突"地朝前跑哩！

观览车渐渐地升到最高层，车厢又转向东南面。哟，这里又是一番截然不同的景色。

一排排高耸的楼房，整整齐齐地排列在大道两旁，宽阔的街道上一辆辆小汽车向前奔跑，远处绿树掩映处是紧张繁忙的工地，一幢幢楼房拔地而起。

我们是坐地铁去天安门广场的。到了那里，我发现晨曦中已经有许多游客在等候着这激动人心的时刻。

从天安门城楼里走出了一支整齐的队伍，他们就是国旗护卫班的武警战士们。他们端着冲锋枪，高举国旗，迈着威武矫健的步伐，朝升旗台走去。

啊！多么壮观的场面。那飘舞在晨空中的五星红旗，就像祖国母亲的大手，在召唤着我们，希望我们这些祖国未来的小主人快快长大，早日成为国家的栋梁，为建设二十一世纪的中国作出新的贡献。

这天，阳光灿烂，游人如织。下了汽车，我随着人流登上长城。

城墙上平整宽阔，五六匹马可以并排奔驰。城墙外垛口相连，每隔三五百米便有一座凸着的城楼（又称烽火台），远望像耸立于山巅上的一支支利剑，直射云天，城楼分上下两层，下层可容纳十余人住宿并储存所用的武装。上层是平台，四周全是垛口。

我终于登上了长城的最高点。站在高高的城楼上，居高临下，极目眺望，大好河山尽收眼底。

只见群山苍翠，葱茏翁郁，长城在叠翠而险峻的山上，逶迤远去，一直伸向远方，与碧空相接，更加显得气势磅礴。

4. 文体生活

我们班的守门员在这紧张的一刹那，以"狮子滚绣球"的姿势，把射来的球紧紧抱在怀里，向前来个前滚翻。

在雄壮的《运动员进行曲》声中，入场仪式开始了。

一伙身强力壮的小伙子开始了跳火把的表演，他们一个接一个跑上前去使劲一纵，就敏捷地跳过了齐腰的火把，赢得了一阵又一阵的喝彩声，欢呼声。

另一个沙包从背后飞来了，她又猛一转身来了个海底捞月，抓住了沙包，胜利了，她和同学们蹦呀跳呀，兴奋极了。

喇叭吹响，唢呐高奏，锣、鼓、钹响成一片。

踢毽子的女同学手脚轻快，小毽子上下飞舞，就像一只只牵在她们脚上的小燕子，飞去又飞回。

礼花在空中竞相开放："红牡丹"繁花似锦，"金菊"金光灿灿，"春风杨柳"绿叶莹莹……节日的夜空简直像个大花园。

雄壮嘹亮的歌声呼啦一下从四周响起，骤然间回荡在校园上空。

运动员队伍中，有许多年逾花甲的老干部，尽管他们长年以车代步，腿部肌肉与腹部脂肪成反比例地发展，但仍然甩开胳膊，精神抖擞，意气风发。

火把连成片，好像燃烧的海洋；火把排成行，好像蜿蜒闪动的火龙。

主席台下，在密密匝匝坐着的1000多人中，有看表的，有向礼堂门口翘首张望的，有压低声音交头接耳一边议论一边朝主席台上扫视观察的……

5. 业余生活

掌声和欢呼声过后，寿宴开始了。大家一边干杯吃菜，一边说着诗一般的祝寿词；有的捧着鲜花唱起卡拉 OK，有的离开餐桌翩翩起舞。

嗬，人真多啊！银须飘拂的老人，天真活泼的孩子，穿着时髦的姑娘，高声谈笑的小伙子，没准半个城市的人都跑到这里来了吧。

几个活泼的小女孩像小鸟般地跳跃着。

无论是这样一扭，还是那样一甩，都表现出一种豪迈、乐观的气质，使你陶醉、兴奋，从而不由自主地跟着手舞足蹈起来。

空气顿时凝结了，只有那跳动的音符，起落的双手，陶醉的眼神，梦幻般的音乐，在凝结的空气中融为一体。

我们围着一丛丛的玫瑰嬉笑着，打闹着，像穿飞于花朵间的蜂蝶。

6. 节庆

那长廊里，那灯棚下，盏盏宫灯，五光十色，鲜艳夺目，真像一个神话世界。

无数礼炮助兴轰鸣，岸上的人群欢呼跳跃，鼓掌喝彩。

无数只纸鸢在蓝天中争高媲美。

演员们那一举一动，一蹦一跳无不牵动着观众那颗爱憎分明的心。

巨大的龙瞪着两只滚圆的眼睛。

人们穿着传统的节日盛装，脸上带着幸福的笑容。

到处都是张灯结彩，一片喜庆场面。

人们都尽情享受节日的快乐，载歌载舞，把节日的气氛推到了高潮。

每年春节，我们都要贴上火红的对联。

中秋节快到了，到处都摆满了各式各样的月饼。

端午节，我们到河边看划龙舟，锣鼓齐鸣，欢声震天，一艘艘龙舟向离舷的箭向河那边冲去。

7. 习俗

贪婪地吃了一口，脆甜脆甜的。

这两种菜的味道可美了，脆脆的，滑滑的，又鲜又嫩，可口极了。

那嘴张得大大的，像要喷出火似的。

我们那里每个人生日的那天，都要吃一个圆圆的荷包蛋，说是这样能够躲避病痛灾祸。

这里有个习俗，就是孩子出生后就要"打三朝"，孩子的外婆家就回送许多礼物来。

这里的习俗真是奇怪，说是女不赴"酒宴"，男不赴"三朝"，这到底为什么呢？

1. 学习场面

勤奋 努力 刻苦 认真 专注 钻研 勤恳 马虎 粗心 丰富
广博 吸收 消化 点拨 引导 指点 理解 毅力 琢磨 咀嚼
推敲推测 斟酌 切磋请教 聚精会神 全神贯注 专心致志
一心一意 目不斜视 废寝忘食 刻苦研究 反复计算 写写画画
争先发言 端端正正 公公正正 反复阅读 不甘人后 事半功倍
有条不紊 兢兢业业

2. 劳动场面

苦干 模仿 协助 摆放 晾晒 挑选 布置 搬运 挖掘 维修
修理 揉搓 铲除 种植 擦拭 运输 携带 洗涮 清洗 劳作
服务平整 勤劳 蛮干 巧干 肯干 实干 扫除 浇灌 干脆利落
汗流如注 百折不挠 热火朝天 糊里糊涂 头脑灵活 随机应变
精明强干 再接再厉 吃苦耐劳 不辞辛苦 坚持到底 呕心沥血
自始至终 勤勤恳恳 兢兢业业 辛辛苦苦 埋头苦干 极端负责
满头大汗 披星戴月 脚踏实地 小心翼翼 任劳任怨 全心全意
踏踏实实 震天动地 竭尽全力 全力以赴 争分夺秒 大显身手
夜以继日 起早摸黑 人声鼎沸 争先恐后 笨手笨脚 一针一线
手忙脚乱 精心准备 窗明几净 熟能生巧

3. 参观游览

展出 博览 旅游 看景 热闹 喧哗 欢呼 欢笑 狂欢 吵闹

184

叫嚷　雀跃　追逐　欢腾　沸扬　火热　游历　观摩　观看　观览
浏览　饱览　胜景　名胜　古迹　古典　美不胜收　古色古香
争相观看　价值连城　景色宜人　艺术结晶　拥挤不堪　民族瑰宝
研究价值　考古发现　历史悠久　文化遗产　文化交流　巧夺天工
能工巧匠　独具匠心　文物古迹　盛大场面　规模空前　前所未有
有史以来　设计精美　一路顺利　古代文明　游山玩水　盛况空前
络绎不绝　熙熙攘攘　皆大欢喜　兴致正浓

4. 文体生活

敏捷　躲藏　躲闪　追逐　欢心　欢腾　欢呼　郊游联欢　比试
助威　迟钝　演出　表演　汇演　演唱　演奏　排演　排练　扮演
化装　装扮　摄影　拍摄广播　播映　歌声　舞蹈　出战　清脆
交手　比赛　夺标　训练　操练　较量　锻炼　交锋　田径　失利
锦标　生龙活虎　全力以赴　身强力壮　难分难解　不甘示弱

奋力拼搏　引吭高歌　高歌入云　自然流畅　行云流水　激越雄壮
热情奔放　轻松活泼　饱含激情　委婉动人　音色甜美　心花怒放
鲜花似海　一片欢腾　闪闪发亮　鞭炮齐鸣　张灯结彩　粉墨登场
相继登台　哭笑不得　捧腹大笑　乐不可支　接连不断　柳暗花明
并驾齐驱　如痴如醉　乐而忘返　趣味横生　妙不可言　热闹非凡
滑稽可笑　兴致勃勃　互不相让　万头攒动　密密匝匝　异彩纷呈
各有千秋　意气风发　斗志昂扬　上下翻飞　载歌载舞　精神抖擞
花枝招展　赞不绝口　赞叹不已　倒海翻江　扬眉吐气　凌空展翅
惊心动魄　摇鼓摇旗　飞箭离弦　银球飞舞　眼花缭乱　动人心弦
欢呼雀跃　落荒而逃

5. 节庆

表演　演唱　甜美　身姿　噪音　琴声　香甜　经历　动作　弹奏

舞姿　扮演　装扮　歌声　舞蹈　吹奏　笛声　甘甜　甘美　肩负

担任　赏心悦耳　耳目一新　娓娓动听　轻盈潇洒　翩翩起舞

载歌载舞　婀娜多姿　翩跹起舞　高歌一曲　节奏鲜明　歌声飞扬

轻松自如　音色甜美　声情并茂　轻歌曼舞　扭扭捏捏　婆娑起舞

自然流畅　饱含激情　甜润悦耳　婉转悠扬　深沉有力　雄浑悲壮

委婉动人　粗犷嘹亮　热情奔放　行云流水　沁人心脾　纵声歌唱

引吭歌唱　高歌入云　幽香浮动　清脆入耳　醇美浓郁　清淡温馨

浓烈醉人　香气扑鼻

6. 习俗

聚居　迁移　迁徙　度过　经历　自勉　居住　墨香奇香　暗香

异香　安身　书香　土香　花香　浓香甜香　酒香　寄居　谋生

起居操劳　抽空　发奋芬芳　自立　陈规陋习　美好习俗　遗风遗俗

发扬光大　地方习俗　民族习俗　地方文化　地方特色　民族特色

乡土气息　民族精神　民族特色　推陈出新　地方戏曲　古老习俗

民风纯朴　生活特点　精神面貌　时代特色